海外우리語文學硏究叢書 123

조선족구전민요집

리 상 각

한국문화사

조선족구전민요집

리상각 수집 정리

료녕인민출판사

1980년·심양

朝鲜族口传民谣集

（朝鲜文）

李相珏　收集整理

＊

辽宁人民出版社出版
（沈阳市南京街6段1里2号）

辽宁省新华书店发行

沈阳市第二印刷厂印刷

＊

开本：787×1092 1/16　印张：6 3/8
字数：239,000　印数：1—1,713
1980年10月第1版　1980年10月第1次印刷
统一书号：M10090·29　定价：0.37元

머 리 글

　구전민요를 수집하기 시작해서부터 어언간 20년 세월이 흘러갔다. 이 기간에 나는 문예사업에 종사하면서 짬만 있으면 민간예인을 찾아다니며 민요를 수집하고 정리하였다.

　만악의 《4인무리》가 살판치던 때에는 수집한 자료를 깊이 감추어두지 않으면 안되였다.

　화주석을 수반으로 하는 당중앙의 정확한 령도아래 문예의 화원에 봄빛이 넘치고 백화가 다투어 피고있는 오늘에 와서야 나는 비로소 내가 수집, 정리한 《조선족구전민요집》을 내놓게 된다.

　선조들이 물려준 귀중한 유산—구전민요는 세상에 자랑할만한 우리 민족의 빛나는 예술이다. 그것은 오랜 세월의 모진 풍상속에서 하냥 시들줄 모르고 곱게 피는 향기로운 꽃이며 선조들의 모습과 생활을 비쳐주는 거울이며 발전하는 우리 시대의 시가문학이 뿌리박는 토양이다.

　우리의 구전민요는 또한 로동인민자신이 창조한 재부이다. 인민은 오랜 력사과정에서 자기의 로동과 투쟁, 생활, 그리고 그들의 사상감정을 노래로 엮어 불러왔다. 그것은 또 오랜 세월을 두고 끊임없이 입에서 입으로 불리워지면서 다듬어지고 심각해지고 풍부해졌다. 우리의 구전민요에는 로동에 대한 인민의 랑만과 쾌락, 불

타는 념원과 희망이 담겨져있으며 통치계급에 대한 풍자와 조소, 반항이 보여지고있다. 로동인민의 눈물겨운 비참한 생활이 그대로 형상화되였으며 그들의 사랑과 슬픔, 증오가 노래로 엮어져있다. 그러므로 우리는 구전민요에서 우리의 선조들이 어떻게 살아왔으며 어떻게 싸워왔는가를 보게 된다. 구전민요는 애증이 선명하고 정서가 짙 치하다. 언어는 소박하고 간결하며 생동하고도 형상적이다. 민요는 거의 다 음악과 결합되여 불리워진것이 특징적이다. 그리고 민요자체가 음악적운률이 강하며 결구성이 엄밀하고 함축성이 강하므로 입에 잘 오르고 외우기 쉬우며 사람의 심금을 깊이 울려준다.

구전민요는 오늘에 와서도 예술적, 교육적 가치가 자못 크다. 그것은 자기의 풍부한 내용과 아름다운 형식으로 끊임없이 시문학발전에 빛과 색갈을 더해주고있으며 시인들의 창작에 영향을 주고있기때문이다. 현대의 시문학은 로동인민이 창조한 구전민요에 발을 붙이고 민요의 발전방향을 따라 나아가고있다. 그러므로 시문학에 종사하는 동무들은 우리의 선조가 어떻게 자신의 사상감정을 진지하게, 생동하게 표현하였는가를 구전민요에서 배워야 하며 구전민요의 다양한 예술수법과 언어, 운률을 배워야 한다. 생각해보라, 로동인민이 창조한 구전민요를 떠나서 현대의 시문학발전을 운운할수 있겠는가? 없다. 나는 민요를 잘 모르는 사람은 도저히 좋은 시를 쓸수 없다고 단언하고싶다.

그런데 허무주의적으로 우리의 민족문화유산을 대하는 어떤 사람들은 구전민요를 용속하다느니, 해롭다느니, 시기가 지났다느니 뭐니 하면서 마구 부정하고있다.
　얼핏 보기에는 용속한것 같으나 그 용속한 가운데 위대한 사상이 숨어있다는것을 알아야 한다!
　우리의 구전민요는 또한 불사조이기도 하다. 일찍 우리 민족의 말과 글을 빼앗고 우리의 예술을 짓밟으며 우리 민족의 가슴에 총부리를 들이댄 파쑈 일제앞에서도, 우리의 민족문화유산을 압살하려고 미쳐날뛰던 만악의 《4인무리》가 휘두른 《문화혈통론》이란 가시돋친 몽둥이앞에서도 우리의 노래는 죽지 않았다. 구전민요—이것은 말 그대로 영원히 죽음을 모르는 불사조이다. 세월이 갈수록 구전민요는 더욱더 풍부해지고 더욱더 다채로와지며 더욱 큰 생명력을 과시하고있다. 이러한 민족문화유산이 있음으로 하여 우리는 더없는 민족의 자호감을 가지게 된다.
　더더구나 당의 《백화만발, 백가쟁명》방침의 찬란한 빛발아래 자기의 민족문화유산을 정리하여 내놓는 기쁜 심정은 어디에도 비길수 없다.
　나는 이 《조선족구전민요집》을 정리하면서 내용에 따라 로동가요편, 서정가요편, 애정가요편, 서사가요편, 혁명가요편으로 나누어 묶었다. 적지 않은 민요의 제목은 혼돈을 피면하기 위하여 내용에 따라 필자가 달았다. 이미 출판된 민요와 중첩되는것은 될수록 피면하였으나 비슷한 내용의 민요라 해도 부동한 지방에 따라 변화를 일으켰으며 아직 발표되지 않은것은 여기에 수록하였다.
　구전민요에는 물론 조잡한 찌꺼기가 있으며 시대의 제약성이 있다. 그러므로 우리는 분석해보지 않으면 안

된다. 정리할 때에 문자상의 약간한 수정과 삭제가 있기는 했으나 될수 있는대로 원모양을 보존하는데 힘썼다.

광범한 독자들로부터 보귀한 의견과 기탄없는 지적이 있기를 바란다.

리 상 각

차 례

로동가요편

물레야 …………………………………………… (2)
물레야 어리빙빙 돌아라 ……………………… (2)
닭이 울면 날이 새고 …………………………… (3)
베틀노래 ………………………………………… (4)
보리방아 ………………………………………… (5)
물방아 도는데 …………………………………… (5)
호박꽃이 다되였네 ……………………………… (6)
베틀가 …………………………………………… (7)
큰애기 …………………………………………… (8)
삼삼는 노래 ……………………………………… (9)
다달구노래 ……………………………………… (10)
성주풀이 ………………………………………… (11)
말박는 소리 ……………………………………… (12)
남사당 뒤소리 …………………………………… (14)
부모처자 다 리별하고 ………………………… (15)
농부가 …………………………………………… (15)
농부가 …………………………………………… (16)
여봐라 농부 내 말 듣소 ……………………… (17)
농부 일생은 무한이라 ………………………… (18)
밭갈이타령 ……………………………………… (20)
천년만년 살고지고 ……………………………… (21)

뎅이질소리……………………………………………(22)
모내기…………………………………………………(23)
이 논배미 모를 심고…………………………………(24)
먼저백관 다먹었네……………………………………(25)
이 물고 저 물고 다 헐어놓고 ………………………(26)
제가무슨 반달인가……………………………………(27)
잔밥들이 열둘인데……………………………………(28)
상사디야………………………………………………(28)
모야 모야………………………………………………(30)
매여주게 매여주게……………………………………(32)
꼴베는 총각……………………………………………(33)
논김매기…………………………………………………(33)
금빛을 뿌리네…………………………………………(34)
돌도리깨로다……………………………………………(35)
도리깨타령……………………………………………(35)
방아타령………………………………………………(36)
고사리…………………………………………………(37)
니리개타령……………………………………………(37)
도라지……………………………………………………(38)
도라지……………………………………………………(40)
박달나무…………………………………………………(40)
어기야……………………………………………………(41)
명주가……………………………………………………(41)
목화따는 저처자야……………………………………(42)
신세타령…………………………………………………(43)
신선풍구로다……………………………………………(43)

풍구타령··(44)
어디 풍구 돌풍구··································(44)
네 잘 불어다구····································(45)
군밤타령··(45)
엿장사노래··(46)
떼목군노래··(48)

서 정 가 요 편

봄···(50)
봄노래···(50)
달거리···(51)
아리롱···(52)
고향생각··(53)
어화둥둥 내 아들·································(54)
우리 집 삼동서····································(55)
아리아리랑 스리스리랑··························(55)
과부한탄··(56)
부모동생을 다 리별하고·························(57)
엮음아리랑···(57)
거리상봉이나 해볼가·····························(58)
배고파 지은 밥은·································(59)
내 살곳 없구나····································(60)
아리용 고개는 별고개····························(61)
아리랑···(62)
어랑타령··(63)
아가 아가 우지 마라·····························(64)

장단타령……………………………………………(64)
방아타령……………………………………………(65)
자진방아타령………………………………………(66)
궁글어졌구나………………………………………(67)
너도 당실 나도 당실………………………………(68)
선부선부 과객선부…………………………………(69)
날가강 어기야………………………………………(69)
머루 다래 떨어진건…………………………………(70)
며느리노래…………………………………………(71)
왜 그리 모르나………………………………………(71)
붙는건 첩이다………………………………………(72)
방구타령……………………………………………(73)
장타령………………………………………………(74)
토끼화상……………………………………………(75)
토끼화상을 그린다…………………………………(76)
새울음소리…………………………………………(77)
새타령………………………………………………(79)
노래가락……………………………………………(81)
아리용………………………………………………(81)
노래가락……………………………………………(82)
개구리타령…………………………………………(83)
오독도기……………………………………………(84)
난봉가………………………………………………(85)
물길러 가라면………………………………………(85)
우리 언니……………………………………………(86)
울고가는 저기럭아…………………………………(87)

어떤수녀 울고가나······················(87)
시집살이································(87)
자장가··································(88)
달달궁궁································(89)
후후야··································(90)
다북네야································(91)
백구야 날지를 말아라··················(91)
권주가··································(92)
다남다녀 잔을 드세····················(92)
성화가 났구나··························(93)
흥타령··································(94)
무정토다································(94)
똥그랑땡································(94)
달거리··································(95)
우리 살림······························(96)

애 정 가 요 편

백년가약 맺아보자······················(99)
반달같이 나를 좀 보소··················(99)
사랑가··································(100)
학노래··································(102)
굼배타령································(103)
깽굼배로다······························(104)
소금맛이 변해도························(105)
뒤범벅상투야····························(106)
어랑타령································(106)

강서메나리……………………………………………(107)
메나리………………………………………………(108)
아리랑………………………………………………(108)
님 넘는 고개………………………………………(110)
숨소리 간과서 들어와요…………………………(110)
시아비 아들…………………………………………(111)
아리랑 고개…………………………………………(111)
청석아리랑…………………………………………(113)
방아타령……………………………………………(114)
연분이 들리라………………………………………(114)
아이공 데이공 성화로다…………………………(115)
네 오너라……………………………………………(115)
수심가………………………………………………(116)
애원성………………………………………………(117)
나어린 서방…………………………………………(118)
연분이 들었네………………………………………(118)
그리운 님……………………………………………(119)
은비녀꼭지…………………………………………(119)
백년가약 맺겠네……………………………………(120)
사랑가………………………………………………(120)
내 서방………………………………………………(121)
매맞을 징조라네……………………………………(121)
리별……………………………………………………(122)
님………………………………………………………(123)
그리움………………………………………………(123)
누가 알가……………………………………………(124)

각시타령 …………………………………(124)
상투 ………………………………………(125)
꽃가진 고와도 …………………………(125)
오동나무 …………………………………(126)
정든 님 …………………………………(126)
처녀 ………………………………………(127)
님이나 다녀온다 ………………………(127)
너는 나를 보며는 ………………………(127)
그리움 ……………………………………(128)
초불 ………………………………………(128)
총각 ………………………………………(129)
나 돌아간다 ……………………………(129)
봄타령 ……………………………………(129)
결혼축하가 ………………………………(130)
잔설이 치는 밤 …………………………(131)
천방지축 …………………………………(131)
우리님은 어데가고 ……………………(132)
자진방아타령 ……………………………(132)

서 사 가 요 편

류별가 ……………………………………(135)
성주풀이 …………………………………(138)
어사영 ……………………………………(140)
남도령과 서처자 ………………………(142)
고아의 노래 ……………………………(143)
배따라기 …………………………………(146)

시집살이 …………………………………………… (149)
함경감사 맏딸애기 ……………………………… (152)
시집살이 말많단다 ……………………………… (153)
춘향십장가 ………………………………………… (155)
중타령 ……………………………………………… (157)
고기낚는 타령 …………………………………… (160)
소상팔경가 ………………………………………… (161)
화초단가 …………………………………………… (163)
몽유가 ……………………………………………… (165)

혁 명 가 요 편

이팔청춘가 ………………………………………… (169)
십진가 ……………………………………………… (170)
녀성해방십진가 …………………………………… (171)
일떠나가자 ………………………………………… (173)
혁명가 ……………………………………………… (174)
만주혁명가 ………………………………………… (175)
혁명군노래 ………………………………………… (175)
부녀가 ……………………………………………… (176)
녀자해방가 ………………………………………… (176)
모여라 동무들아 ………………………………… (177)
우리 녀자 근본이로다 ………………………… (178)
십이점가 …………………………………………… (178)
달거리 ……………………………………………… (180)
공산당의 힘이로세 ……………………………… (182)
우리는 청춘 ……………………………………… (183)

· 8 ·

독수리 뜨더니……………………………………(183)
날 좀 보게………………………………………(184)
쓰러진 동지옆에서………………………………(185)

로동가요편

물 레 야

물레야 돌아라 가락아 사려라
시어머니 보며는 물매를 맞는다
무정도 하구나 야속도 하구나
백년가약 친구가 야속도 하구나.

보름새 내려서 시아버님 드리고
열두새 내려서 시어머님 드리고
구성베 내려서 암캐같은 시누이에게
가마보로 들리세 가마보로 들리세.

석새베 내려서 랑군님 행전감
나머지 끝으로 내차례졌수다
시집살이 삼년에 열두폭 치마가
눈물에 젖어서 다 녹아났수다.

물레야 어리빙빙 돌아라

물레야 물레야 어리빙빙 돌아라
동지섣달 긴긴밤에 물레질하는데

정든 님 이마에 손을 얹고 잠만 자네
물레야 물레야 어리빙빙 돌아라.

물레야 물레야 어리빙빙 돌아라
우리 댁 서방님 옷을 지어 드리는데
님아 님아 정든 님아 어이 그리 무정하나
물레야 물레야 어리빙빙 돌아라.

닭이 울면 날이 새고

닭이 울면 날이 새고
날이 새면 세살물레 걸어놓고
우르릉 우르릉 물레질은
큰애기네 노리개요.

돌고사 돌아라
외씨같은 광주리 옆에 놓고
밤새도록 삼고나니
한광주리 차고넘네.

물레가락 살살 도는데
기지개 팔팔 하품이 난다
삼단같은 요내 머리
시어미손에 다 떨어졌네.

베틀노래

저기저기 저달속에 계수나무 섰겠구나
옥도끼로 찍어내여 초가삼간 집을짓고
남쪽으로 뻗은가지 금도끼로 찍어넘겨
베틀한쌍 걸어놓고 옥란간에 베틀놓아
베틀다리 네다리요 큰애기는 두다리라.

앉을깨라 앉은님은 룡상우에 앉은듯이
부태라고 도는양은 벼락우에 왕래하듯
신출이라 댕길양은 벼락바우 올라기듯
잉어대는 삼형제요 눌림대는 독신이라
헌신짝에 목을걸고 진주란간 왕래한다.

꿍덕절사 도투마리 꿍덕꿍덕 넘어간다
묘황님의 쑥갓인가 여기저기 흩어지네
그베한필 짜고나니 진수대동 해다갔네(주)
진수대동 해다가니 다만자반 남았구나
님의버선 마르려고 무늬찾아 길며났네.

님의버선 다떠놓고 길로길로 가다가서
찔레꽃을 꺾어다가 님의버선 볼걸었네
당사실로 박은듯이 외씨같이 박은듯이
님을보고 버선보니 님줄생각 전혀없네

님아님아 서러마오 님줄버선 누굴주랴.

주: 짐수대동——큰 마을.

보 리 방 아

말많은 큰애기 문고리 쥐네
오르며 내리며 잔기침소리.

이없는 물함지 돌넘어가네
우르르 쭈르르 보리 쏟았네.

으스름 달밤에 쌀 쓸러 가나
비올줄 알면서 빨래질 가나.

어떠한 잡년이 바람부는데
문밖을 나선다 야단질하네.

물방아 도는데

물방아 빙글뺑글 물살 안고 도는데
동구밖 내 님은 나를 못잊어 돈다네.

조 몹쓸 목화꽃은 자주자주 피는데
앞남산 함박꽃은 일년 한번 핀다네.

앵두나무아래에 병아리 한쌍 놀더니
독수리 뜨자 온데간데 없구나.

호박꽃이 다되였네

가마목에 앉아서
솔비를 벗삼으니
시집살이 삼년에
호박꽃이 다되였네.

질그릇이 나돌면
영낙없이 깨진다고
집안녀자 나돌면
말이 많다 야단이네.

천지 넓고 너르건만
의지할 곳 어데던가
간데족족 천대받고
까닭없이 쫓기우네.

베 틀 가

오늘날 하도 심심해
베틀이나 차려보세
어야 디야 사랑노래
베틀에 넘나든다.

잉어대는 삼형젠데
눌림대는 독신이로다
어야 디야 사랑노래
베틀에 넘나든다.

대추나무 제발코는(주)
눈물바디 다 썩어난다
어야 디야 사랑노래
베틀에 넘나든다.

행경나무 북바디집은
들어만 놔도 소리만 난다
어야 디야 사랑노래
베틀에 넘나든다.

낮에 짜면 일광단이요
밤에 짜면 월광단이라

어야 디야 사랑노래
베틀에 넘나든다.

이 베를 짜서 누구를 줄가
랑군님 옷이나 마르지
어야 디야 사랑노래
베틀에 넘나든다.

들창밖에 흐르는 비는
가신 님의 눈물이로다
어야 디야 사랑노래
베틀에 넘나든다.

오동추야 달밝은데
님의 생각 절로 난다
어야 디야 사랑노래
베틀에 넘나든다.

주: 제발코—미상.

큰 애 기

오그랑 똥똥 방치질
쭐쭐 밀었다 다림질

고이 눌렀다 윤디질
싹뚝싹뚝 가위질
앵공댕공 바느질
스르르 눌렀다 다로질
와자끈 자자끈 다듬이소리
우루룩 뚜루룩 네가락물레
큰애기 손만 다 달아난다.

삼삼는 노래

닭이 울면 날이 새요
날이 새면 세살물레 걸어놓소
우르릉 우르릉 물레질은
큰애기네 노리개요.

세발 전지 걸어놓고(주)
외씨같은 광주리 옆에 놓고
밤새도록 삼고나니
한광주리 차고넘소.

돌고사 돌아라
벙어리로 삼년, 귀머거리로 삼년
눈 어두워 삼년
석삼년을 살고나니,

분길같은 이 내 손이
북두갈구리 다되였소
분꽃같은 이 내 얼굴
미나리꽃 다되였소.

창포같은 이 내 머리
파뿌리 다되였소.

주: 전지—삼을 삼을 때 쓰는 기구. 가시 돋친 나무기둥을 각
    각 나무토막에 박아세운것.

다달구노래

어기여차라 헤이 헤이
함구일심 당겨보세
손발맞춰 당겨보세
점심시간 되여온다
이 공정을 완성하세.

어기여차라 헤이 헤이
일락서산 해 떨어진다
월출동령 달 솟아온다
고향생각 절로 난다

처자권속 언제 볼가.

어기여차라 헤이 헤이
명사십리 해당화야
꽃이 진다 서러 마라
이 공정을 완성하고
환고향을 하여봅세.

성주풀이

강남갔던 구접새(주)
이 산 넘어 저 산 넘어
솔씨 한쌈 던졌더니
그 솔이 점점 자라
대부등이 되였더냐, (주)
소부등이 되였더냐,
만수산에 썩 들어가
하나님전 비나이다
무생천금 빌어내여(주)
도끼 두채 되였구나
하나는 옥도끼요
하나는 금도끼요
옥도끼를 옆에 차고
금도끼를 둘러메고

십리만큼 물러서서
오리만큼 달아들어
한번 탁 찍으니
큰 기적 튀여난다
유산의 병풍금에
꾀꼬리 한쌍 날아든다
삼사번 둘러치니
장생불사 청송이
네 아니 넘어지랴,
옥도끼로 아지 따고
금도끼로 속 다듬어
칠명당 지을적에
호박 축축 산호기둥
입구자로 짓고보니
별인간중 천당이라
영웅호걸 내리도다.

주: 구접새—구제비, 산제비.
　　대부둥이—큰 아름드리재목.
　　무생천금—귀중한 금명이.

말박는 소리

영이도 쫀다 어널널 상사디야 (받는 소리)
떴다 보아라 종지리 떴다

해는 어이 더디만 가는가
오동추야 어이 빨리도 새는가.

울타리밑에서 꼴베는 총각
눈치나 있거든 외받아 먹게
외를 받아선 팽개를 치구
손목을 잡구서 발발 떤다.

총각아 총각아 이웃의 총각아
말많은 내 집에 뭣 하러 왔소
숫돌이 좋아서 낫갈러 왔지
총각은 핑계가 좋기도 하네.

저기 저 가시내 거동을 보소
속눈을 감고서 겉눈을 떴네
서울 대판이 무엇이 좋다고
꽃같은 너를 두고 생리별할가.

신작로갓의 솔땜쟁이도 (주)
정 떨어진건 뗄수 없다네
가는 님 허리를 아담쑥 안고
가지를 말라고 락루를 한다.

도토리깝대기로 장담아 먹어도
네 마음 내 마음 변치를 말자
간다 못간다 얼마나 울었는지

정거장 마당이 두만강수 된다.

주: 신작로자—길섶.

남사당 뒤소리

에이야 데이야 산이로구나
저 달은 떠서 대전이 되고
견우 직녀 성은 후군이로다.

에이야 데이야 산이로구나
물레야 자새야 어리빙빙 돌아라
뒤집 귀동자 밤이슬 맞네.

에이야 데이야 산이로구나
찬동녀메다 정든 님 두고
밤길 걷기가 난감도 하네.

에이야 데이야 산이로구나
오동추야 달밝은 밤에
정든 님 생각이 절로 난다.

에이야 데이야 산이로구나
간다 간다네 나두나 간다네
정든 님 따라서 나두나 간다네.

부모처자 다 리별하고

사랑하는 부모처자 다 리별하고
심심산천 낯선 땅에 내가 왔네
불고개를 넘어서니 땅 좋고 물도 좋아
호박 하나 매돌같고 옥수수 하나 한수레라.

오곡이 창성할 땐 개가 놀라 짖는구나
먹지를 않아도 배만 부르구나
언제나 고향의 부모처자 다시 만나
이고장 풍년얘기 옛말로 해볼가.

그립던 고향으로 내 돌아왔네
한끝으로 웃음이요 한끝으로 눈물이라
부모처자 내 말을 옛말로 듣더니
우리도 그고장 가서 살아보자네.

농 부 가

이포 저포 용단아포요(주)
이름이 좋아서 만선포로다(주)

어널널 어널널 상사디야
가지가지 수절로 노다노다 가세.

36궁가 도화춘이라
술부어 술잔이 향내가 나네
어널널 어널널 상사디야
가지가지 수절로 노다노다 가세.

양푼굽에 감자쪽지 몊네
6월 6일 농부야 갈한데 마시자
어널널 어널널 상사디야
가지가지 수절로 노다노다 가세.

시아버님 잠자리에 우는 닭은(주)
뒤산 족제비 꼭 물어가라
어널널 어널널 상사디야
가지가지 수절로 노다노다 가세.

주: 용단—통비단.
   만선포—만선두리. 겨울례복을 입을 때 머리에 쓰는것.
   우는 닭—시어미를 말함.

농 부 가

농부 일생이 무한이라네

일지가 좋다고 놀지를 마소
이앙 헤이 헤이 헤이
이앙 헤이 헤이로구나.

앞집마당의 배나무꽃은
늙으나 젊으나 백발이로다
이앙 헤이 헤이 헤이
이앙 헤이 헤이로구나.

이태 삼년을 병구완하다가
물길러 간녘에 세상을 떴네
이앙 헤이 헤이 헤이
이앙 헤이 헤이로구나.

여봐라 농부 내 말 듣소

여봐라 농부 내 말 듣소
이 논배미에 모를 심어
장잎이 펄펄 흩날린다
어널널 상사디야.

이 논배미에 모를 심고
장구배미로 넘어가자
모줌을 덥석 손에 쥐고

거들거들 잘도 심네.

영좌좌상 가래장 메고(주)
논물보기 바쁘구나
총각아재 솜씨좋아
묵십명 농부 못당하네.

한일자로 늘어서서
줄을 맞춰 모를 심네
갈지자로 둘러서서
솜씨나게 잘도 심네.

펄펄 날리는 장잎속에
팔뚝같은 이삭 패네
농악소리 풍년가에
흔들흔들 놀아보세.

주: 영좌좌상—한 부락의 우두머리.

농부 일생은 무한이라

농부 일생은 무한이라
춘경 추수는 년년이로다
허널널 허널널 상사디야
가지가지 수절로 노다노다 가세

량각 황우와 십자륜에
거름과 쟁기를 싣고 나간다
허널널 허널널 상사디야
가지가지 수절로 노다노다 가세.

높은데 갈며는 밭이 되고
낮은데 갈며는 논이 되네
허널널 허널널 상사디야
가지가지 수절로 노다노다 가세.

량전옥답을 밟아보소
화전이라도 일없다네
허널널 허널널 상사디야
가지가지 수절로 노다노다 가세.

세벌 매고서 두벌 후쳐
각종 악초를 다 없애세
허널널 허널널 상사디야
가지가지 수절로 노다노다 가세.

두태모석 내 곡식이
일월 월장에 잠간 자란다
허널널 허널널 상사디야
가지가지 수절로 노다노다 가세.

우순풍조에 풍년이 들어(주)

집집마다 낟가리 가리네
허널널 허널널 상사디야
가지가지 수절로 노다노다 가세.

팔월추석 좋은 명절에
떡을 치고 밥을 짓자
허널널 허널널 상사디야
가지가지 수절로 노다노다 가세.

우리 농부 격앙가로
매일 오라고 노래하네
허널널 허널널 상사디야
가지가지 수절로 노다노다 가세.

주: 우순풍조—비오고 바람부는것이 때와 분량에 알맞는것.

밭갈이타령

말아 소야 밭을 갈자
보아비 시키는대로(주)
올라서라 내려서라
제곬으로 들어서라
왔다갔다 하지 말고
제고랑 찾아서라

힘들지 않게 나가자
누렁이도 잘도 갈고
검정이도 잘 가누나
황금같은 피피리도
보아비 잘한다누나
이 고랑 어서 갈고
한쉼 잘 쉬여보자
높은데는 높게 딛고
낮은데는 낮게 딛고
돌 있으면 건너 디뎌라
어떤 사람 고대광실에서
호의호식하는데
우리는 무슨 팔자로
너와 나 밭을 가느냐?
이랴끌끌 부러워 말자
밭이나 갈아보자
일락서산 해 다 진다
어서 갈고 돌아가자。

주: 보아비—밭갈이군。

천년만년 살고지고

여주이천 자차베냐(주)

산에올라 산딸기냐
농사한철 잘지으면
두해농사 한해란다.

이팔청춘 푸르대콩
알룩달룩 피마주콩
독안포소 새알열콩
포기포기 심어놓고

어쩌고리 저쩌고리
벌백이라 암소에다
나갈적에 빈바리요
들어올적 참바리요

삐격삐격 실어들여
노적가리 가려놓고
천년만년 살고지고
천년만년 살고지고.

주: 자차배—미상.

뎅이질소리

어널널 상사디야　　　　（받는 소리）

이 논바닥에 들어서서
적게 떼면 조팥알만큼
오실오실 맨입쌀만큼
둥글둥글 수박뎅이만큼
크게 떼면 동이뎅이만큼
세귀 번쩍 보습뎅이만큼
네귀 번쩍 약과뎅이만큼(주)
굼실굼실 잘도 찍네.

주: 약과―먹는 음식, 과줄을 말함.

모 내 기

우리일군 들어보소
일천기럭 나는듯이
심어주게 심어주게
손을맞춰 심어주게.

다북다북 다북네야
배추씻는 저처자야
겉의겉잎 다제치고
속의속잎 나를주게.

흐르는물 흘러가도

언제보던 님이라구
겉의겉잎 다제치고
속의속잎 날달라나.

산은높고 골깊은데
오늘해도 다져간다
산이높아 그늘인가
골이깊어 그늘이지.

이 논배미 모를 심고

어여루 상사디야
이 논배미 모를 심고
장구배미 넘어가자
저만큼 뛰지 말고
빈데 없이 총총 심자.

어여루 상사디야
모내기를 하는데는
소리가 명창이요
먼길을 걷는데는
활개가 날개로다.

어여루 상사디야

열사람이 노래해도
한사람이 부른듯이
소리하세 소리하세
상사소리 잘 넘긴다.

어여루 상사디야
일화꽃은 피여가네
당화꽃은 피여오네
황금같은 꾀꼬리
들며 울고 날며 우네.

먼저백관 다먹었네

이논배미 모를심어
장잎나와 장의로다(주)
부모님의 산소에는
솔을심어 정자로다.

늦어온다 늦어온다
점심참이 늦어온다
아흔아홉 정주칸을
돌고나니 늦어졌나.

밥끓이고 국끓이다

점심참이 늦어졌나
뒤축없는 신끄느라
점심참이 늦어졌나,

반달같은 점심그릇
온달같이 떠나온다
이논배미 모를심어
먼저백관 다먹었네.(주)

주: 장의—녀성들이 외출할 때 입는 긴옷.
　　백관—모든 관리.

이 물고 저 물고 다 헐어놓고

이 물고 저 물고 다 헐어놓고
권네 량반 어디로 갔노,
단장을야 손에다 들고(주)
처부방에 놀러 갔지.

패랑아 부채야 청산도부(주)
꽃을 보고 지나를 간다
꽃아 꽃아 서러워 마라
명년 삼월 다시 온다.

초롱아 초롱아 양산초롱
님 오신 방에 불 밝혀라
님도 눕고 나도야 눕고
초롱불은 누가 끄노.

새별같은 저 발굽으로
반달 반달이 떠나온다
제가 무슨 반달이냐
초생달이 반달이지.

주: 단장—짧은 지팽이
　　패랭이—참대가지로 엮은 갓의 일종
　　청산도부—청산을 떠돌아다니는 사람.

제가무슨 반달인가

한쌍지기 이논판이
반달만큼 남았구나
제가무슨 반달인가
초생달이 반달이지.

초생달만 반달인가
그믐달도 반달이지
그믐달만 반달인가
우리님이 반달이지.

방실방실 웃는님을
못다보고 해다지네
가는해를 잡아매고
웃는님을 다시보자.

잔밥둘이 열둘인데

이 물고 저 물고 다 헐고
쥔네 량반 어디 갔노,
등너머로 산너머로
첩의 방에 놀러 갔소.

이 논배미 저 논배미 모를 심어
잡나락이 절반이라
잔밥들이 열둘인데
보리고개 어이하노.

상 사 디 야

어허헤루 상사디야
한일자로 늘어서서

입구자로 꽂아주소
여기도 꽂고 저기도 꽂고
얼방없이 꽂아주소.

어허헤루 상사디야
잘도나 하네 잘도나 하네
상사소리 잘도나 하네
이 논배미 얼핏 심고
장구배미로 넘어가세.

어허헤루 상사디야
떠들어온다 떠들어온다
점심밥이 떠들어온다
강변에는 잔돌도 많고
세간살이 잔솔도 많소.

어허헤루 상사디야
오늘 해도 다 갔구나
골골마다 그늘졌소
일락서산 해떨어지고
월출동령 달솟아온다.

모야 모야

모야 모야 노랑모야
언제 커서 완성할래
오월 크고 류월 커서
칠팔월에 완성할래.

바다장같은 이 논배미
모를 심어 영화로다
우리 부모 산소동에
솔을 심어 영화로다.

선길 청수 모를 심어
그 모 찌기 난감하다
저 하늘에 목화 심어
목화따기 난감하다.

알금삼삼 고운 독에
누룩을 빚었다 청감주
꽃을 그렸다 유리잔
나비 한쌍 권주하네.

남창북창 열어보니

구월단풍 꽃밭일세
꽃밭에는 나비 놀고
구름속엔 신선이 노네.

밀양삼당 왈자처자
저 옥안에 갇혔구나
사장사장 옥사장님
옥문 조금 열어주소.

밀양삼당 저 늪속에
련밥따는 저 큰아가
련밥줄밥 내 따줄게
백년가약 냉큼 삼세.

저 처자야 너를 보니
오동지달 꽃을 본듯
저 총각아 너를 보니
그믐밤에 달을 본듯.

오늘낮에 점심참이
어이 그리 늦어오노
미나리라 수금채라(주)
맛보느라 더디왔소.

바다장같은 이 모자리
장기판만큼 남았구나

창기판이사 좋다마는
바둑 없어 못두겠소.

주: 수금채―미나리채.

매여주게 매여주게

매여주게 매여주게
일심으로 매여주게
우리일군 보기좋게
일천기력 나는듯이.

못다맬논 다매주면
준치자반 먹인다네
준치자반 아니먹는
절간중이 어이살가.

산에절간 도승들은
부처님을 모셨다네
지여가네 지여가네
점심참이 지여가네.

오늘해도 다갔는지
골골마다 그늘졌네

해가져서 그늘인가
산이높아 그늘이지.

이슬아침 만난동무
석양천에 리별일세
석양천에 리별인가
해가지니 리별이지.

새벽서리 찬바람에
울고가는 저기럭아
울고가면 네나가지
잠든일군 왜깨우나.

꼴베는 총각

담장너머서 꼴베는 총각
오이나 받으라 넘겨를 주니
받으란 오이는 제아니 받구
요내나 손목을 더덤썩 쥔다.

논김매기

매자매자 논김매자

다문몇이 매더라도
열스물이 매는듯이
먼데사람 보기좋게.

어떤사람 팔자좋아
고대광실 높은집에
사모풍경 달아놓고
주야삼경 잘도논다.

매자매자 논김매자
오뉴월의 농사철에
주먹놀림 하는자가
아홉소년 우리로다.

금빛을 뿌리네

치화자 모포기
비단을 폈더니
가을에 전답이
금빛을 뿌리네.

돌도리깨로다

헹 헬상 돌도리깨로다 (받는 소리)
초봄에는 씨를 뿌리고
하지에는 제초를 하고
추수절이 당도를 하니
우수 경칩에 백곡이 양양
우리 농부 격앙가 좋다
헹 헬상 돌도리깨로다

도리깨타령

헹 헤라 둘러쳐라
빙빙 둘러쳐라
뭉청뭉청 떨어진다
쭈럭쭈럭 떨어진다
한두참을 때려도
열백참을 때린듯이
헹 헤라 둘러쳐라
빙빙 둘러쳐라.

방아타령

옹호호 방아여
이 방아 뉘방아
산에 올라 산신방아
들에 내려 들방아
물에 들어 물방아
강태공의 부인방아.
남은 떡방아를 찧는데
우리라고 못찧을가.

옹호호 방아여
이 방아 무슨 방아
강태공이 보시니
빈방아 찧는구나
없는 티를 내지 않고
떡방아를 찧는구나
빈채질 하시는데
남보기엔 떡방아로다.

고 사 리

고사리 고사리 고사리야
심심 산천에 고사리야
내가 너를 보려고
내가 여기를 왔더냐
님 보러 내가 여길 왔지
애꿎은 산천의 고사리만
목을 빵긋이 꺾누나.

니리개타령

앞남산 뒤동산 개나리 진달래 꽃피는데
앞뒤골 큰애기 산나물 캐러 나선다.
니리 닐리리 닐리리 니리구절싸 늘어섰소
어 얼싸 정 좋다 여라문 큰애기 나간다.

봄바람은 실버들 겨드랑밑에서 넘노는데
큰애기 치마에 나비떼 모여 논다
니리 닐리리 닐리리 니리구절싸 늘어섰소
어 얼싸 정 좋다 여라문 큰애기 나간다.

시내가의 양류버들 실실이 늘였는데
황금같은 꾀꼬리 딴스무용만 하누나
니리 닐리리 닐리리 니리구절싸 늘어섰소
어 얼싸 정 좋다 여라문 큰애기 나간다.

보리밭에 종달새 한길을 오르며 종지리
두길을 오르며 종지리 봄노래만 부른다
니리 닐리리 닐리리 니리구절싸 늘어섰소
어 얼싸 정 좋다 여라문 큰애기 나간다.

백년 묵은 고목에서 벌레 하나 얻으려고
오르며 딱따굴 내리며 딱따굴 하누나
니리 닐리리 닐리리 니리구절싸 늘어섰소
어 얼싸 정 좋다 여라문 큰애기 나간다.

도 라 지

도라지 도라지 도라지
   심심산천에 백도라지
한두 뿌리만 캐여도
   바구니 반씩만 넘누나
에헤요 에헤요 에헤요
   어야라 난다 지화자자 좋다
네가 내 간장 스리살살 다 녹인다.

도라지 캐러 간다고
　　요핑게 조핑게 대더니
총각아재　무덤에
　　삼일제 지내러 가누나
에헤요 에헤요 에헤요
　　어야라 난다 지화자자 좋다
네가 내 간장 스리살살 다 녹인다.

도라지 도라지 도라지
　　심산의 요몹쓸 백도라지
어데 날데가 없어서
　　바위틈새에　났느냐
에헤요 에헤요 에헤요
　　어야라 난다 지화자자 좋다
네가 내 간장 스리살살 다 녹인다.

유지신사 도라지는
　　만년필끝으로　캐구요
술집아씨　도라지는
　　주전자끝으로　캔다네
에헤요 에헤요 에헤요
　　어야라 난다 지화자자 좋다
네가 내 간장 스리살살 다 녹인다

도 라 지

도라지야 도라지야
심심산천에 백도라지
무슨 일로 바위틈에
지지 않고 피였느냐.

한뿌리를 캐고보니
두뿌리를 캐고나니
무지개야 오색가지
가슴속에 다 담았네.

박 달 나 무

문경고개 박달나무
홍두깨 방망이로 다 나가네
뒤동산의 굴밤나무
량반의 신주로 다 나가네.
몸맵시를 보다나니
검둥개 신주를 다 물어갔네.

어 기 야

황새야 덕새야 어데 갔다 인제 와
휘휘칭칭 버들속에 잠자다가 인제 와
너와 나와 어기야.

미나리장사로 큰애기들 다 나간다
식전의 도보가 멋들어졌구나
너와 나와 어기야.

대추 단단 결채광주리 뒤며이고
고추 후추 참기름 치기가 멋들었네
너와 나와 어기야.

명 주 가

명주를 짤라면 밤마다 짜야 하고
남의 집 총각은 밤마다 찾아오네
어화둥둥 내 사랑.

담장너메다 집짓구 살아도

그리워 살기는 매일반이라
어화둥둥 내 사랑.

여보 랑군 삼단같은 내 머리
시어미손에서 다 떨어졌소
어화둥둥 내 사랑.

목화따는 저처자야

사래긴긴　광천밭에
목화따는　저처자야
너야집은　어데두고
해빠진데　목화따노(주)

해도지고　저문날에
목화따는　저처자야
목화를랑　내따줄게
백년가약　맺어보소.

주: 해빠진데―해가 지다의 뜻.

신세타령

문전옥토를 다 팔아먹고
쪽배기신세 되다니 웬 말인가,

술장사 삼년에 주전자꼭지만 남고
야장질 삼년에 망치 집게만 남았네.

신선풍구로다

슬렁 슬쩍 불어도 신선풍구로다
왈라당 팔라당 갑사댕기
   네 날 홀려다구
어깨너머 갑사댕기
   네 날 홀려다구
언덕밑의 살가라지
   네 날 홀려다구
토스레적삼 잔지고름
   네 날 홀려다구
숯은 녹아 재가 되고
   쇠는 녹아 물된다
아침저녁 우는 새는

　　　　배가 고파 운다
　　두방지경 우는 새는
　　　　　　님을 찾아 운다.

풍구타령

뒤집에서 떡메소리 퉁탕퉁탕 나누나
앞집에서 노래소리 높으게도 들린다
대장질 십년에 망치 집게만 남았구나
어깨너머 전포장도 나를 살려주려마
요렇게 불어도 아들딸만 남았네
조렇게 불어도 너와 나만 남았네.

어디 풍구 돌풍구

풍풍 풍구로다 어디 풍구 돌풍구
열두동무 발맞춰라 풍풍 풍구로다.

부깍쟁놈 굴통 빨리 열어라
어서 빨리 디뎌라 풍풍 풍구로다.

저 건네집 대장쟁이 대장질 십년에

망치 접게만 남았소 풍풍 풍구로다.

얼싸좋다 디며라 금은보화 다 나와도
부모동생 다 굶긴다 풍풍 풍구로다.

네 잘 불어다구

품바품바 귀밀눈이 생사람을 잡는다
헤이 헤이 조롱아 네 잘 불어다구
걸고나 불고나 불자 품바품바
헤이 슬렁 걸어놓고 네 잘 불어다구.

군 밤 타 령

군밤 사시오
다단지 헤루화 다 삶은 밤이야
군밤 사시오 군밤.

너도야야 기생 나도야야 《기생》
기생이 둘인지 장구를 메고서
궁글어졌구나 군밤.

너도야야 총각 나도야야 총각
총각이 둘인지 굴밤대 메고서
궁글어졌구나 군밤.

너도야야 송아지 나도야야 송아지
송아지 둘인지 멍에를 메구서
궁글어졌구나 군밤.

너도야야 시집살이 나도야야 시집살이
시어미 모르게 이불밑에서
우물우물 먹기 좋은 군밤.

엿장사노래

아하 아기여 어허 어기여
굵은 엿 허튼 엿
허랑 헐직이 파는 엿(주)
주야장천 파는 엿
이리 오라면 이리 와
어디로 가면 거저 주나,
이리 오랄적 이리 와

일본대판의 조청엿
함일 룡산의 참깨엿

울영도 호박엿
울긋불긋 대추엿
우글퉁부글퉁 감자엿
둥글둥글 수박엿
확 퍼졌다 나팔엿
쫄깃쫄깃 찹쌀엿

조조군사 말 팔듯
파장늙은이 막걸레 팔듯
부자집 큰애기 엉뎅이 팔듯
섣달 큰애기 개밥 퍼주듯
허랑 헐적이 파는 엿
오전 닷돈에 다 나간다.

아하 아기여 어허 어기여
앉은뱅이는 들고를 못가고
곱사둥이는 지고를 못간다
이 엿을 팔적에
금강산 일만 이천봉
팔만 구암자에 올라가서
백일공제 지내여
동삼물로 제조한 엿
말만 들었지 잡숴를 봤소?
이리 오랄적 이리 와
아하 아기여 어허 어기여.

주: 허랑 헐적이—눅거리.

떼목군노래

떼목에 실은 몸이 압록강 물결차고
가는 곳은 안동이라 어서 가자오
어야 디야 어야 디야 그리운 신세.

물새와 벗을 삼는 외로운 신세
강역에 떼를 대고 밤을 보내오
어야 디야 어야 디야 그리운 신세.

강가에 뛰노는 아해를 보니
달넘는 집소식이 그리워지오
어야 디야 어야 디야 그리운 신세.

서글프고 쓸쓸해 혼자 울으니
제김에 목메여 눈물 흐르오
어야 디야 어야 디야 그리운 신세.

눈속에 벌목하는 동지섣달 지나
봄이 와 압록강에 얼음 풀리오
어야 디야 어야 디야 그리운 신세.

올해도 한 행보의 떼목을 타고
압록강 2천리 물에서 자오
어야 디야 어야 디야 그리운 신세.

서 정 가 요 편

봄

봄이로다 봄 사구려
있는 사람 즐거운 봄
없는 사람 슬픈 봄
무슨 봄을 드리리까?

봄 노 래

봄이 왔네 봄이 와
비는 끊어 울렁울렁
코노래도 구성져
멋들어지게 들려온다.

봄아가씨 긴 한숨
늙은 총각 기막혀
호미자루 내던지고
어랑타령 넘긴다.

봄아가씨 긴 한숨
꽃바구니 내던지고

양지쪽에 싹둑싹둑
피리 만들어 부누나.

달 거 리

정월이라 한보름날 달도밝고 명랑하다
달아달아 밝은달아 우리님이 어디있나.

이월이라 이월매조 설중에도 피였구나
나만홀로 빈방에서 님그리워 한숨짓네.

삼월이라 사꾸라꽃 잎도피고 꽃도피네
우리님은 어델가고 돌아올줄 모르시나.

사월이라 사월흑살 이산저산 다피였네
님도없이 나만홀로 화전놀이 재미없네.

오월이라 오월란초 곳곳마다 다피였네
추천줄에 올라서서 여겨봐도 인적없네.

류월이라 류월목단 뜨락에도 피였는데
물이깊어 못오시나 산이높아 못오시나.

칠월이라 칠월춘삼 저건네도 다피였네

정든님은 갈줄알고 돌아올줄 왜모르나.

팔월이라 팔월공산 달도밝고 명랑한데
독수공방 홀로누워 잠도전혀 아니오네.

구월이라 구월국화 홀로피여 서리맞네
손을꼽아 기다리니 속절없이 마음늙네.

시월이라 시월단풍 불깃불깃 물들었네
내간장은 타번지니 그리워서 못살겠네.

동지달에 오동추야 소나무만 푸르른데
어떤잡년 붙잡고서 내님놓아 아니주나.

섣달이라 엄동설한 눈도오고 바람찬데
정든님은 병들었나 내가찾아 갈가부다.

아 리 롱

아리롱 아리롱 아라리요
아리롱 고개로 넘어간다
뻐꾹새 울며는 풍년이 오고
까치가 울며는 님이 온다.

아리롱 아리롱 아라리요
아리롱 고개로 넘어간다
해발름 발발름 꾀장바지
달서 고개로 넘나든다.

아리롱 아리롱 아라리요
아리롱 고개로 넘어간다
오며 가며 빛만 뵈고
요내 간장을 다 녹이네.

고 향 생 각

동천에 달이 솟아 창에 비치니
깊이 잠든 꿈속에서 놀라깨였네
별안간 은은한 마음이 솟아
고향산천 눈앞에 완연하구나.

다시 잠을 이루려고 무등 애쓰니
가슴속에 고향생각 더욱 간절타
나의 마음 이같이 적막할적에
사랑하는 부모마음 더욱 어떠리.

쓸쓸한 빈방안에 홀로 앉아서
고향을 그려본적 몇번이던가

반공중 높이 뜬 저기 저 달은
우리 집 들창에도 밝게 비치리.

이른새벽 찬바람에 우는 저 기럭
그리운 내 고향 들리거들랑
나의 회포 나의 소식 전해주려마
우리 집 부모앞에 인사해다오.

어화둥둥 내 아들

금자동아 옥자동아
만첩청산에 폭포동아
나라님전에 충신동아
부모님전에 효자동아
일가친척에 우애동아
굴레벗은 룡마동아
채색 비단에 채색동아
우리 님전에 귀자동아
딸이라도 반가운걸
깨목부랄 고초자지
대롱대롱 달렸구나
어화둥둥 내 아들
어화둥둥 내 새끼.

우리 집 삼동서

시아버님 산소를 까투리밭에 썼더니
우리 집 삼동서 콩밭으로 기누나.

새벽동자를 하라면 부시땡기장단 치구요(주)
물길러 가라면 엉뎅이춤만 추누나.

우리 집 랑군이 명태잡이를 갔는데
모진 광풍 불겠거든 석달 열흘만 불어라.

주: 새벽동자—아침조반.

아리아리랑 스리스리랑

일만 이천봉이하에 뚝 떨어져서
쓸만한 논밭천지 신작료로 다 나가고
우차 마차 자동차 인력거 싸다니는데
늙은이 갈보되여 비누세수하고
댕기 맨건 나 보기 싫구나
　　아리아리랑 스리스리랑 아라리가 났소

　　　　아리랑 고개로 넘어넘어간다.

사줄치기 강낭쌀에 세모재비 메밀쌀에
개불알같은 올감자알을
통로공안에 오글박작 지굴재굴
끓이는 족족 주구받구 나눠먹진 못해도
한달 륙장 오일에 한번씩 상봉합시다.
　　　　아리아리랑 스리스리랑 아라리가 났소
　　　　아리랑 고개로 넘어넘어간다.

과 부 한 탄

시집온지 삼년만에
이팔청춘 과부되여
대궐같은 빈집안에
홀로앉아 생각하니,

남날적에 나도나고
나날적에 남났건만
이내팔자 기박하여
잠도님도 아니온다.

눈물홀러 원앙금침
잠베개가 다젖었네
두만강은 어데두고

눈물강을 찾아왔소.

부모동생을 다 리별하고

아리랑 아리랑 아라리요
아리랑 고개로 넘어간다
부모동생을 다 리별하고
아리랑 고개로 돈벌려 간다.

아리랑 아리랑 아라리요
아리랑 고개로 넘어간다
달도 폤소 별도 폤소
구름속 저 달이 날 보고 웃소.

아리랑 아리랑 아라리요
아리랑 고개로 넘어간다
뫼산자 보따리 걸머나 지고
아리랑 고개를 나 넘어간다.

엮음아리랑

여주 이천 물레방아 쌈지방아

허풍선이 궁굴대는 백두산 물줄기 안고
떠드럭 쿵덕쿵 빙글뱅글 뱅글빙글
주야장천 도는데
우리나 정든 님 어딜 가 날안고 못도나,
　　아리랑 아리랑 아라리가 났네
　　아리랑 고개로 넘어간다。

강원도 금강산 일만 이천봉
팔만 구암자 법당뒤에다
칠성단 모시고 백일기도 말고서
야밤중 가신 손님 괄세를 말아,
　　아리랑 아리랑 아라리가 났네
　　아리랑 고개로 넘어간다。

시모산천 썩 들어가서
쓸데없는 바위밑에 초지 한장 걸어놓고
신세 기도를 말구서
돈없는 사람을 괄세를 말아,
　　아리랑 아리랑 아라리요
　　아리랑 고개로 넘어간다。

거리상봉이나 해볼가

네 팔자나 내 칠자나 고대광실 높은 집에

들창지 열창지 열어제끼고
인물병풍 돗자리 풍석에다
공단이부자리 덮고 깔고
새별같은 놋요강 발치에 던져놓고
두던고리 잠물베개 머리맡에 받쳐놓고
님의 팔은 내가 베고 내 팔은 님을 안고
따뜻한 얼굴을 서로 맞대고
사랑을 주고받기는 다 틀렸구나
오고가고하다가 거리상봉이나 해볼가,
    아리랑 아리랑 아라리가 났네
    아리랑 고개고개로 넘어가네。

배고파 지은 밥은

배고파 지은 밥은 뉘도 많고 돌도 많소
뉘많고 돌많은건 님없는탓이란다
아리랑 아리랑 아라리가 났소
아리랑 고개로 넘겨주소。

저 건너 갈미봉에 실안개 감도는데
정든 님 어델 가고 날 찾아 안오나
아리랑 아리랑 아라리가 났소
아리랑 고개로 날 넘겨주소。

네가 잘나 일색이냐 내눈 멀어 환장이냐
정든 님 붙잡고 죽자살자 하리란다
아리랑 아리랑 아라리가 났소
아리랑 고개로 날 넘겨주소.

내 살곳 없구나

아라린지 지랄인지 용천인지 발광인지
당사실로 칭칭감아 한짐 잔뜩 걸머지고
남북만을 다 돌아다녀도 내 살곳 없구나
    아리랑 아리랑 아라리로구려
    아리랑 고개로 넘어넘어가네.

낮놓고 기윽자집에 안방 뒤방 모든 방에
남포불은 대낮같이 휘영청 켜졌는데
어느 그늘로 돌아서 내 방에 왔소?
    아리랑 아리랑 아라리로구려
    아리랑 고개로 넘어넘어가네.

우리 집 서방이 잘났든지 못났든지
인물병풍 둘러치고 원앙금침 잠베개
홍공단 이불펴고 잠자기논 다 틀렸네.
    아리랑 아리랑 아라리로구려
    아리랑 고개로 넘어넘어가네.

아리용 고개는 별고개

아리용 아리용 아라리요
아리용 고개로 넘어간다
아리용 고개는 별고갠지
넘어갈적 넘어올적 눈물만 나네.

아리용 아리용 아라리요
아리용 고개로 넘어간다
청산이 푸르적적 가신 님이
백설이 흩날려도 아니오네.

아리용 아리용 아라리요
아리용 고개로 넘어간다
왜 가려나 왜 가려나 왜 가려나
꽃같은 날 버리고 왜 가려나.

아리용 아리용 아라리요
아리용 고개로 넘어간다
날 버리고 가시는 님은
단 십리 못가서 발병났네.

아리용 아리용 아라리요

아리용 고개로 넘어간다
생각하고 또 생각하니
정든 님 그리워 눈물만 나네.

아리용 아리용 아라리요
아리용 고개로 넘어간다
한숨은 쉬여서 동남풍 되고
눈물은 흘러서 강물이 되네.

아 리 랑

아리랑 아리랑 아라리요
아리랑 고개로 넘어가네
일년 열두달 남의 집에 사는
요내 신세는 가련도 하네.

아리랑 아리랑 아라리요
아리랑 고개로 넘어가네
이런줄 저런줄 난 몰랐더니
친하고보니 망나닐세.

아리랑 아리랑 아라리요
아리랑 고개로 넘어가네
식은밥 쉰것은 개나 주지

본당자 싫은건 어찌하나.

아리랑 아리랑 아라리요
아리랑 고개로 넘어가네
생각하고 또 생각하니
살아갈 일이 막연하네.

아리랑 아리랑 아라리요
아리랑 고개로 넘어가네
잘살고 못사는건 내 팔자요
본가정 하나만 골라줘요.

어 랑 타 령

열두칸 마루에 천둥항아리
임자가 깨구선 날 쨌다 하네
어랑 어랑 어허야 어럼마 디여라
널과 나로구나.

예수나 믿었더면 천당에나 가지
임자를 믿다간 징역살이하겠네
어랑 어랑 어허야 어럼마 디여라
널과 나로구나.

아리랑타령을 하라면 고개짓 살살 하구
남의 녀자 볼 때는 눈치만 살살 보네
어랑 어랑 어허야 어렴마 디여라
널과 나로구나.

신작로복판의 아가씨나무는
자동차바람에 다 늘어졌네
어랑 어랑 어허야 어렴마 디여라
널과 나로구나.

아가 아가 우지 마라

아가 아가 우지 마라
백두산허리에 해넘어간다
가신 님이 오겠는지
남포등에 불밝혀보자.

장 단 타 령

좋은 좌석에 춤이나 춰야
흥이나 겨워 놀재미 좋수다
너나베 닐 닐리리 닐리리 쿵

닐리리 닐리리 니난노 난나요.

창포밭에서 금붕어 놀구요
화초밭에서 나비가 놉니다
니나네 닐 닐리리 닐리리 쿵
닐리리 닐리리 니난노 난나요

운무중에서 신선이 놀구요
백발로인은 즐거워 놉니다
니나네 닐 닐리리 닐리리 쿵
닐리리 닐리리 니난노 난나요.

방아타령

노들강변에 비둘기 한쌍
붉은콩 한쌈 입에다 물고
숫놈이 암놈을 주려다 멱에 맞아
부러진 죽지를 질질 끄니
암놈이 숫놈을 부르는 소리에
늙은 과부는 긴 한숨 쉬고
젊은 과부는 반보짐만 싸누나
옛다 우겨라 방아로구나.

자진방아타령

남문을 열고서 바라를 보니
계명에 산천이 화닥닥 밝아온다
에— 에헤잉 에헤야 어널널 디야.

편지 한장에 몇전이 안돼도
정든 님 소식은 배추소식이라(주)
에— 에헤잉 에헤야 어널널 디야.

오동동 추야에 달이 둥글 밝구
님의 둥실 생각이 시리 둥실 나누나
에—에헤잉 에헤야 어널널 디야.

무정한 기차는 날 실어다놓구
환고향시킬줄 왜 모르나
에— 에헤잉 에헤야 어널널 디야.

주: 배추소식—무소식을 《무우》에 비유하여 《배추》로 바꿈으로써 유
모아적으로 묘사한것임.

궁글어졌구나

춘추절이 적막이요 개자추에 록수로다(주)
푸르청청 만산에 따스한 봄이 드니
불탄 잔디 속잎난다 잔걱정도 많구나
에헤 에헤야 어화 우겨라 방아로구나
이리 난산 저리 난산 흐트러진 근심
만화방초 에헤라 궁글어졌구나.

하늘천자 따지땅에 집우자로 집을 짓고
날일자 영창문을 달월자로 달아놓고
밤이면 애정님 만나 놀아를 볼가나
에헤 에헤라 어화 우겨라 방아로구나
치악산 중등에 동락대 하니(주)
신선이 내려와 바둑만 땅기땅 둔다.

이십오현 찬 야월에 승천하던 저 기려기
갈순 하나 입에 물고 부러진 죽지 절질 끌며
일점일점 날아드니 산악산이 이 아닌가
에헤 에헤라 어화 우겨라 방아로구나
이화는 두리둥둥 백운간의 학이라
팔월이라 보름에 저 달이 막 솟아온다.

주: 개자추—(介子推) 중국 춘추시대의 은사(隱士). 여기에서는 자
추가 불에 타죽은 그 산을 말함. 치악산—(雉岳山) 강원도 녕월
군과 원성군사이의 태백산중에 솟아있는 산.

너도 당실 나도 당실

박연폭포 흐르고 얕은 물에
수상어선 타고서 배놀이 가자
얼싸 좋다 둥그레 당실 둥그레 당실
너도 당실 나도 당실 연자머리로 가자．

평강벌 넓은 들에 올벼풍년 들구요
요내 일신은 님흉년 들었네
얼싸 좋다 둥그레 당실 둥그레 당실
너도 당실 나도 당실 연자머리로 가자．

백두산 꼭대기에 홀로 선 소나무
날과도 같이 적막도 하구나
얼싸 좋다 둥그레 당실 둥그레 당실
너도 당실 나도 당실 연자머리로 가자．

정사초롱 불이나 밝아 좋구요
춘향네 집으로 찾아가니 좋다
얼싸 좋다 둥그레 당실 둥그레 당실
너도 당실 나도 당실 연자머리로 가자．

질라깨비 훨훨 모두다 건너간다

주섬주섬 따라서 에루화 앵돌아진다
얼싸 좋다 둥그레 당실 둥그레 당실
너도 당실 나도 당실 연자머리로 가자.

선부선부 과객선부

선부선부 과객선부
우리선부 어디오디,
돌아오긴 오데마는
칠성판에 누워오데.

쌍교독교 어데두고
칠성판에 누워오나,
일산대는 어데두고
영정대만 들어오나.

날가강 어기야

마당전의 줄복숭아 큰애기 손목 기다려
배추배추 봄배추 밤이슬 오기 기다려
이여라 디여라 어기야 날가강 어기야.

개야 개야 에거리 검정수캐야
밤사람 보구서 함부로 컹컹 짖느냐
이여라 디여라 어기야 날가강 어기야.

네가 날 보려거든 십리강 건너
연하봉앞에 심은 삼백도화가 나로다
이여라 디여라 어기야 날가강 어기야.

머루 다래 떨어진건

머루 다래 떨어진건 꼭지나 있고
부모 동생 떨어진건 꼭지도 없네
아리랑 아리랑 아라리요
아리랑 고개로 넘어나 간다.

사람이 나구야 돈이나 났지
사람을 모르고 왜 돈만 아나
아리랑 아리랑 아라리요
아리랑 고개로 넘어나 간다.

며느리노래

앞남산이 높다하니 시아비 같으랴
고추당추 맵다하니 시어미 같으랴
외나무다리 어렵다니 시형이 같으랴
배추잎이 푸르다니 맏동서 같으랴
터밭콩단 밉다하니 시동생 같으랴
보름달이 밝다하니 시누이 같으랴
두만강물 많다하니 내눈물 같으랴
가마속이 어둡다니 내속과 같으랴
매화꽃이 곱다하니 랑군님 같으랴
국화꽃이 곱다하니 내자식 같으랴.

왜 그리 모르나

무정한 기차는 날 실어다놓구요
환고향시킬줄 왜 그리 모르나.

청천하늘에는 잔별도 많구요
요내나 시집엔 말도나 많다네.

석탄백탄 타는줄은 일만동포 다 알지만
요내 가슴 타는줄은 한품에 든 님도 몰라.

붉는건 첩이다

저 건네 새밭은
세기도 셌다
센건 령감이다
령감은 고부라졌다
고부라진건 지름가지다(주)
지름가지는 비궁기다(주)
비궁기는 동실기다(주)
동실기는 거멓다
검은건 까마귀다
까마귀는 너푼다(주)
너푸는건 무당이다
무당은 뛴다
뛰는건 벼룩이다
벼룩은 깨문다
깨무는건 뱀이다
뱀은 뻘겋다
뻘건건 대추다
대추는 달다
단건 엿이다

엿은 붙는다
붙는건 첩이다!

주: 지틈가지—소안장.
　　궁기—구멍.
　　동실기—시루떡을 찔 때 쓰는것.
　　너푼다—너풀거린다.

방구타령

에—방구타령이 나가신다
시아비방구는 호통질방구
시어미방구는 잔소리방구
며느리방구는 대답질방구
딸방구는 연지방구
아들방구는 푸념질방구
첩방구는 아첨방구
머슴방구는 두들겨방구
아이고 데이고 각설이방구는
동네방네 모든개방구
품 품바 품바 잘한다.

장 타 령

에— 무슨 대문을 들어갈가
질대문을 들어가자
한대문을 열고나 보니
산천초목에 도끼질
넓은 마당에 마당질
멨다 쳤다 타작질
둘려쳤다 도리깨질
들었다 놨다 가래질

또 한 대문을 들어서니
부어라 마셔라 먹새질
먹새질끝에 싸움질
미욱한놈 발길질
약은놈은 주먹질
들었다 놨다 도망질
돌을 찼다 곤두박질
물에 빠졌다 꼴깍질
우리나 같은 인생은
부모동생 다 굶기고
팔도나 강산 다니네
누구 덕으로 다녔나
부모덕으로 다녔네.

토끼화상

토끼화상을 그린다 토끼화상을 그린다
화공을 불러라 일등 화공을 불러라
일등 화공을 불러보소
이적선 그리던 봉황대 봉 그리던 화장이(주)
낭군천자 능황대 일월 그리던 화장이(주)
연적 황연 먹을 갈아(주)
황모붓을 반중몽 훨쎈 풀어
백설같은 간지상에 이리저리 흐릴적에(주)
천하명산 승지간에 경개 보던 눈 그려
두견앵목 짖어울제 소리 듣던 귀 그려
동네방네 운무중에 내 잘 맡던 코 그려
동지섣달 설한풍에 방풍하던 털 그려
고산적설 쌓인 곳에 펄펄 뛰던 다리 그려
실농시리 이슬 떨던 꼬리 그려
앞다리는 짧고 뒤다리는 길고
두귀는 빨쭉 두눈은 도리도리
아미산 반월토끼 예서 더잘 그릴소냐
옜다 별주부야 네나 가지고 가거라. (주)

주: 이적선—미상.
　　낭군천자 능황대—미상.
　　연적—벼루물 담는 그릇.
　　간지—접어쓰는 종이.
　　별주부—이름난 주부.

토끼화상을 그린다

토끼화상을 그린다 토끼화상을 그린다
동정수리 체훈령 금소수파 검은 연장(주)
허적을 불러 먹을 갈아(주)
양도 한필 훨씬 풀어 토끼화상을 그린다
화초지초 목란화 꽃따먹던 입 그려
천하강산 서기중에 펄펄 뛰던 다리 그려
천하강산 운무중에 경개 보던 눈 그려
동지섣달 설한광풍에 방풍하던 털 그려
오색채색 두리문전 강직산에 향기 맡던 코 그려(주)
허리 늘씬 다리 성큼 꼬리 몽통
그려내니 좌편은 청산이요 우편은 록수로다
토끼란놈 이 아니더냐 얼화 만수―.

주: 동정―유생들이 모인 트락.
　　수리―으뜸가는 사람.
　　체훈령―훈령을 내다붙이다.
　　허적―미상.
　　강직―인삼의 일종.

새울음소리

저 무삼 새 울음우나,
장끼 까투리 울음운다
이리로 가며 껵껵
저리로 가며 껵껵.

저 무삼 새 울음우나,
야월공산 저문날에
이리로 가며 귀촉도
저리로 가며 귀촉도.

저 무삼 새 울음우나,
페꼬리 울음운다
이리로 가며 페꼬리리
저리로 가며 페꼬리리.

양류청청 석양천에
벗부르는 페꼬리
개아가감실 날아든다.

저 할미새 울음운다
경술년 대풍시절에

곡식 한섬에 칠푼 오리하여도
오리가 없어서
못사먹은 저 할미새
이리로 가며 팽당그르르
저리로 가며 팽당그르르.

저 무삼 새 울음우나,
딱따구리 울음운다
년년 묵은 고목에서
벌레 하나 얻으려고
오르며 딱딱
내리며 딱딱.

저 무삼 새 울음우나,
기러기 울음운다,
소상강 저 기러기
저승 갈 재넘으려
이리로 가며 끼루룩
저리로 가며 끼룩끼룩.

저 까마귀 울음운다,
아래녁 갈가마귀
우녁에 떼가마귀
이리로 가며 까옥까옥
저리로 가며 까옥까옥.

저 종달새 울음운다,
춘삼월 호시절에
춘경을 재촉하여
한길을 오르며 종잘종잘
두길을 오르며 종질종질
닐리리리리 울음운다.

새 타 령

가자 가자 어서 가, 이수 건너 백노 가
백노 훈강 함께 가, 자래등에 저 달 실어
우리 고향 함께 가,
남풍쫓아 날아가는 구만리 장천의 대붕새(주)
문왕이나 계시니 기산조양의 봉황이
무한기우 깊은 회포 울고나는 공작새(주)
소상적벽 칠월야 알연장명 백학이(주)
글자를 뉘 전하리 가인상사 기러기(주)
청조새 욱복귀 이서기간 소식 전한 앵무새
성성제혈의 염화지 귀축도 두견이(주)
로서목을 놀래깨우니 막교지상제 꾀꼬리(주)
만경창파에 록수 상월불상이 원앙새
주란동정을 돌아들어 관명우지 황새(주)
비입심상 백성가 왕사당전에 제비(주)
양류지상 단풍에 둥둥 떠가는 징견이

락화는 예고 목제비하니 추공 따오기
팔월병풍 높이 폈다 백리추호의 보라매(주)
금차하민 수감모여 연비연천에 수리개
쌍백 초구안에 쌍거쌍래 비둘기
어사부중에 잠들었다 울고우난 까마귀
추사반도 상구 별목정정 딱따구리
정위문전에 깃들었다 작지강강 까치
만강소우 몽강남은 한가하다 해오라기
우후 청강 맑은 물에 난다 갈매기
출해건월 다기산 열고놓으니 두루미
살림비조 물새 산새, 영춘화답 짝을 지어
쌍거쌍래 날아든다 날아든다.

주: 남풍쫓아—대붕새가 남풍을 타고 9만리 난다고 한다.
　　무한기우—한없는 근심.
　　소상적벽—강 이름.
　　알연장명—학이 길게 우는것.
　　가인상사—서로 사모하다.
　　성성제혈의 염화지—울때마다 피를 토하여 꽃가지 붉게 물들
　　다.
　　로서몽—로서에서의 꿈.
　　막교지상제—가지우에서 울지 말라.
　　주란동정—주공이 반란을 평정하여 동을 치다.
　　관형우지—황새가 개미둑에서 우니 비 올 징조라는것.
　　비입심상 백성가—제비는 부자집, 가난한 집을 가리지 않고 날아
　　든다.
　　왕사당전—량진때의 왕씨와 사씨의 집.
　　백리추호—백리밖의 머리털도 본다.

노 래 가 락

류월 염천에 흐르는 물은
도담에 산봉을 안고 도는데
우리 님은 어델 가 날 안고 못도나.

나만 홀로 지내는 밤이사 길구나
밤이사 길잖다만 님없는탓이라
언제나 님 만나 긴밤 짜르게 새울가.

물 치고 칼 치고 열모김치 초치고
칼로 물친듯이 가시던 님이
내 집 문전에 왜 또 돌아왔소.

아 리 용

아리용 아리용 아라리요
아리용 고개로 넘어간다
행주치마 입에다 물고
입만 빵긋하네.

아리용 아리용 아라리요
아리용 고개로 넘어간다
열두폭 모구장치마
입었다 벗었다 다 떨어진다.

아리용 아리용 아라리요
아리용 고개로 넘어간다
말돌이 간다 강짜를 말고
담배대 꼭대기에 집짓고 살아라.

노 래 가 락

남산에 봄춘자 드니 동산에 푸를 청자
가지가지 꽃화자인데 경치따라 앉을 좌자
향단아 술부어라 널과 날과 마실 음자.

세상은 금산천이요 생애는 주릴 배라
석정은 강산월이요 저 달 둥둥 밝았으니
아마도 설중귀물은 다시 봐도 매화로다.

만경창파 치수중에 뿌리없는 나무 섰소
가지는 열두가지 잎이 피여 삼백예순
그 낡에 꽃이 피여도 가지 높아 못꺾겠네.

꺾으면 다정화요 못꺾으면 무정화라
꺾든지 못꺾든지 이름이나 짓고 가오
짓기는 짓더라도 다시 보아 일월이라.

범나비 꽃에 쌍쌍 양류에 피꼬리 쌍쌍
날새도 벌레도 짝을 지어 서건만
요내 인생 무삼 죄로 나만 홀로 짝사랑이냐.

추천당에 모진 나무 높다랗게 그네 매고
님이 뛰면 내가 밀고 내가 뛰면 님이 미네
님아 님아 줄 밀지 말아 줄 끊으면 정 끊어진다。

이 몸이 학이 되여 나래돋친 학이 되여
나래우에 유정님 싣고 후루루 날아가리
그곳에도 리별있으면 또 날아 천만리。

남산 솔을 부여잡고 한강수를 굽어보니
조그마한 금붕어가 잉어떼를 몰고 노네
우리도 언제나 유정님 만나 즐기리오。

세월이 류수인데 청산은 여전하다
매화는 반가와하고 송죽은 푸르렀다
아마도 설중귀물은 다시 봐도 너로구나。

개구리타령

개굴개굴 청개구리야
개굴집을 찾겠거든
아래 웃도리 불썬 걷우고
미나리방축을 찾아라
나 헝 어허야 어허야。

방자놈 거동 보아라

줄포승 옆에다 끼고
두다리 껑청거리며
춘향을 잡으러 나간다
나 헝 어허야 어허야.

기다린다 기다리려무나
꽃송이송이 꽃송이는
나비 오기를 기다려
남원옥중 춘향이는
리도령 오기를 기다려
나 헝 어허야 어허야.

오 독 도 기

산은 첩첩 까마귀 후루룩
이 버드나무에 지저불할가
저 버드나무에 지저불할가
버들잎 두둥실 무너졌구나.

오독도기 춘양춘추로다
달도 밝고 일월이 명랑
좋다 덩실 그렇다 덩실
던져놓아라 나하구 놀자.

난 봉 가

모시수건을 쓸줄 몰라
벗었다 썼다 들구만 가네.

장선골에 장구소리 나더니
금일 상봉에 님소식이라.

연분홍저고리 낭길소매
죽으면 죽었지 난 못놓겠네.

물길러 가라면

물길러 가라면 엉뎅이춤만 추구요
새벽조반 하라면 바가지싸움만 붙이네
어랑 어랑 어허야 어럼마 디여라
널과 나로구나.

매라는 고추밭은 한이랑도 아니매고
여덟팔자로 앉아서 이마 눈섭만 그리네
어랑 어랑 어허야 어럼마 디여라
널과 나로구나.

시어미잡년 죽으라 백일기도 드리더니
보리방아 물맞춰놓고 시어미생각 하누나
어랑 어랑 어허야 어럼마 디여라
널과 나로구나.

우리 언니

언니오네 언니오네
불고개로 언니오네
언니마중 누가가나
반달같은 내가가지
네가무슨 반달이냐
초생달이 반달이지

언니언니 우리언니
시집살이 어뎌하오
고추당초 맵다해도
시집살이 더맵더라
삼단같은 요내머리
부돼지꼬리 다되였지.(주)

언니언니 우리언니
무슨반찬 올랐습데
쇠뿔같은 더덕짠지
쪽쪽찢어 도라지채

고기반찬 냄새나도
빛은보지 못했단다.

주: 부돼지—꼬리짧은 빨간돼지.

울고가는 저기럭아

새벽서리 찬바람에
울고가는 저기럭아
울고가면 네나갔지
잠든아씨 왜깨우나.

어떤수녀 울고가나

해는지고 저문날에
어떤수녀 울고가나
부모형제 리별하고
정처없이 떠나가네.

시 집 살 이

시집을 안가려고 맹세했더니
가마를 태워놓니 할수없구나

바늘이 가는데는 실이 따르고
나라구 왜 시집을 아니 가겠소.

나의 남편 남보기엔 곱다고 해도
섣달 한번 오지는 않는구만요
가정고방 뒤고방 오막속에서
시부모님 박대에 못살겠다오.

자 장 가

둥둥 둥게야
동실동실 동참외냐
당실당실 당참외냐
날아가는 학산아
월궁손자 내 손자

얼음밑에 수달핀가
울타리밑에 호박썬가
오두막집 살구썬가
어서 어서 자라서
나라충신 되여라.

둥둥 둥게야
양문장사 아들인지(주)
번번하게도 잘 생겨

미역장사 아들인지
넝출지게도 잘 생겨

옹기장사 아들인지
오목자목 잘 생겨
담배장사 아들인지
오솜보솜 잘 생겨
두부장사 아들인지
네모번듯 잘 생겨

둥둥 둥게야
날아가는 학선아
월궁손자 내 손자
어서 어서 자라서
나라충신 되여라。

주: 양푼장사— 소래를 파는 장사군。

달달궁궁

달궁달궁 달달궁궁
마당을 쓸다가
귀떨어진 동전 한잎 주어
서울 가서 밤 한알 사서
통로공안에 삶아

껍데기는 애비 먹고
보물은 에미 먹고(주)
알맹이는 너를 주마
달궁달궁 달달궁궁.

주: 보물—속껍질.

후 후 야

후후야 후후야
해는 지고 저문 날에
마소새끼 꼴달라 울고
어린애 밥달라 우는데
너의 애비 어델 가고
돌아올줄 모르느냐,

후후야 후후야
이 일을 어이 할고
일락서산 해떨어지고
월출동령 달솟아온다
후후야타령에
한숨이 연기로다.

다북네야

다북다북 다북네야
네어데로 울며가니
문진골로 나는간다
문진골로 어째가니
엄마젖을 먹으련다.

다북다북 다북네야
너의엄마 못오신다
살강밑에 삶은팥이
싹이나면 오마더라
삶은말의 뼈다구에
살붙으면 오마더라.

백구야 날지를 말아라

백구야 백구야
날지를 말아라
너를 잡을 내 아니다
명산 명수 경치 쫓아
널 따라 예 왔노라
나물먹고 물마시고

팔을 베고 누웠으니
대장부 살림살이
요만하니 넉넉하다
얼씨구 절씨구
지화자자 절씨구.

권 주 가

잡으시오 잡으시오
이술한잔 잡으시오
이술한잔 잡으시면
천세만세 만수무강.
이술안주 무슨안주
산신산의 불로초요
상아절로 맛을보니
불사약이 안주로다
잡으시오 잡으시오
이술한잔 잡으시오.

다남다녀 잔을 드세

진주 한쌍 단사랑에
장구바닥 도는 저 도령아
하많은 녀자중에

일생 사랑 누구더냐,

알굼쌍쌍 고운 독에
누룩을 고아 백과주요
이름좋다 유리잔에
다남다녀 잔을 드''

성화가 났구나

달밝고 잔설이 치는 밤에
애가 썩고 남은 간장 타네
아이고나 데이고 성화가 났구나.

기차야 네 무슨 심술로
가는 님 실어다 무소식인가
아이고나 데이고 성화가 났구나.

아서라 말어라 생각을 말어라
떠난 님 믿다가 내 일이 랑패라
아이고나 데이고 성화가 났구나.

무정 방초는 년년이 오건만
옥관 행차는 귀불귀로다
아이고나 데이고 성화가 났구나.

흥 타 령

오르며 내리며 나막신소리에 흥
물만두 이밥에 중치가 메누나 흥
에루화 데루화 능수나 버들은 흥
제멋에 겨워서 척 늘어졌구나 흥
오르며 내리며 잔기침소리에 흥
밥먹던 숟가락 곰방널 뛰누나 흥
에루화 데루화 생성화났다지 흥

무 정 토 다(주)

낭창낭창 벼랑끝에
무정토다 오라버니
나도죽어 후세상에
우리랑군 섬길라오.

주: 물에 빠져죽는 누이가 자기 처만 구하는 오빠를 원망하여 부른
노래.

똥 그 랑 땡

송도 백도가 똥그랑땡

네가 네가 누구냐
아하 고참 변통났구나
어느새 고렇게 여물었단다.

송질용질이 똥그랑땡
좋다 지타 멋들었구나
수양버들 잘 자랐다
어느새 조렇게 젊었단다.

달 거 리

한설이 지난 정월달 여기저기 달노래
군악소리 긴 노래 꿍드닥 꿍드닥.

한식이 지난 이월달 더운 해살 등지고
눈녹은 물 골골에 쭈루룩 쭈루룩.

꽃이 피는 삼월달 진달래 함박꽃
무궁화라 장미화라 울긋불긋 방긋방긋.

철놀이 좋은 사월달 뻐꾸기 뻑뻑국
노랑새 꾸궁꿍 피꼴새 피꼴꼴.

단오놀이 좋은 오월달 그네 뛰는 처녀들
꽃밭속에 웃으며 하드득 하드득.

류월이라 류월유두 청산목수 푸르려
제비쌍쌍 후룩후룩 비둘기가 꾸루룩.

칠석이라 칠월달 은하교에 오작교
견우직녀 손잡고 눈물이 쭈루룩.
달밝은 추석 팔월달 달을 보고 길손이
고향생각 저절로 그리워 그리워.

서리오는 구월달 산과 들에 국화꽃
기러기도 남으로 가잔다 끼루룩.

상사쇠는 시월달 가신 부모 보는 날
북망산을 찾으니 눈물나 눈물나.

동지나 슬픈 동지달 흰눈속에 솔가지
용감하게 춤춘다 랄라라 랄라라.

막 저무는 섣달은 새해오면 좋아요
명년 삼월 피는 꽃 진달래 진달래.

우리 살림

사람마다 벼슬하면 누가 농사짓나
의사마다 병고치면 북망산이 왜 생겨?

어떤넌 팔자좋아 고기로 양추질하고
우리는 굶기를 부자집 밥먹듯하네.

우리나 살림은 불에 탄 소가죽
오그라만 들줄 알지 펴질줄 모르네.

때마다 먹는 밥은 된장에 당콩밥이요
밤마다 자는 잠은 맨봉당의 토끼잠이라.

동삼에 쌀독은 먼지만 풀풀 나구요
요내나 마음에는 재만 풀풀 나누나.

애 정 가 요 편

백년가약 맺아보자

양구양천 흐르는 물에
배추씻는 저 큰악아
겉의 겉잎 다 저차고
속의 속잎 나를 주게.

석양낙산 서산끝에
고기낚는 저 선부야
고기낚긴 내 낚아줄게
백년가약 맺아보자.

반달같이 나를 좀 보소

공산명월 해달같이 시구박질 말구서⁽주⁾
그믐 초순 반달같이 나를 좀 보소
아리랑 아리랑 아라리가 났소
아리랑 고개로 날 넘겨주소.

술은 술술이 잘 넘어가더냐
명수라 찬물에 중치가 멘다
아리랑 아리랑 아라리가 났소

아리랑 고개로 날 넘겨주소.

스리슬슬 동남풍에 궂은비 내리고
지화자 년풍에 님생각 난다
아리랑 아리랑 아라리가 났소
아리랑 고개로 날 넘겨주소.

주: 시구박질—싱갱이질.

사 랑 가

둥둥둥 내 사랑
어화둥둥 내 사랑
이리 보아도 내 사랑
저리 보아도 내 사랑
안아를 볼가, 업어를 볼가
당산 봉학이 죽씨를 물고
오동나무 넘노난듯
황금같은 꾀꼬리
세루연에 넘노난듯
어화둥둥 내 사랑

금전을 주랴 은전을 주랴
아니 나는 그것도 싫소
그러면 네가 무얼 먹겠느냐

수박 웃꼭지 뚝 떼고
강릉 상층을 쭈르르 부어
은수절로 툭툭 꺼서
붉은 한점 네 먹으려냐
아니 난 그것도 싫소
시금틸틸 개살구 먹으려느냐
아니 난 그것도 싫소.

둥둥둥 내사랑
어화둥둥 내사랑
그러면 네 듣거라
너는 죽어 꽃이 돼도
온갖 화초 다 버리고
목단화만 되여다구
나는 죽어 나비되여
네 수염 물고서
너울너울 춤추거든
나 온줄로 알려무나.

둥둥둥 내사랑
어화둥둥 내사랑
칠년 대한에도 마르잖는
음양수란 물이 되고
나는 죽어 새가 돼도
온갖 잡새 다 버리고
원앙새가 되여서

네 물우에 둥둥 뜨면
나 온줄로 알려무나.

학 노 래

학의 등에 님을 실어
담장안에 내려놓고
총각이 바라보니
학은 온데간데 없고
별만 달만 비쳤네.

처량한 피리소리
구성지게 들린다
산천도 울리고
넓은 들도 울리고
반공중에 떴겠다.

왕의 딸 소리 듣고
이게 무슨 노랜가
노래소리 들어봐라
인간인가 신선인가
동자불러 보낸다.

들리나니 물소리요
보이나니 연당이라

낚시대를 던졌고나
송풍은 거문고요
파도소리 노랠러라.

학의 등에 님을 싣고
천리만리 날아가서
리별없는 곳에 내리고
그곳도 리별있으면
또다시 천만리.

굼배타령

요렇게 왔다가 조렇게 갈길을
처음에 애당초 왜 왔던고
굼배야 굼배야 굼배나 챙챙
깽굼배로다 굼배야.

이왕지사 오셨던길에
올벼쌀 절편을 해먹구 가렴
굼배야 굼배야 굼배나 챙챙
깽굼배로다 굼배야.

올벼쌀 절편을 네 그만두고
풋싸락이나 한되박 주려마
굼배야 굼배야 굼배나 챙챙

깽굼배로다 굼배야.

애쇄지 뼈다구 설삶은건
마주나 뜯자구 설삶았지
굼배야 굼배야 굼배나 쟁쟁
깽굼배로다 굼배야.

아따 요자식 치마끈 놓아라
무명주 호실이 다 녹아난다
굼배야 굼배야 굼배나 쟁쟁
깽굼배로다 굼배야.

깽굼배로다

굼배야 굼배야 굼배나 쟁쟁
깽굼배로다 굼배야
저녁을 먹구서 썩 나서니
게묻은 손으로 날 오란다.

굼배야 굼배야 굼배나 쟁쟁
깽굼배로다 굼배야
정든 님 마당에 지남침 떴는지
갓신바닥이 안떨어지누나.

굼배야 굼배야 굼배나 쟁쟁
깽굼배로다 굼배야

동산에 달뜨니 천지가 밝구나
요내속 달떠서 쓸 곳이 있나.

굼배야 굼배야 굼배나 챙챙
깽굼배로다 굼배야
오라는 손길은 엎었다 재쳐도
가라는 손길은 재쳤다 친다.

소금맛이 변해도

만첩산중 고드름은 봄바람에 녹고
요내 가슴은 어느 랑군이 녹이나.

물동이안에다 술받아놓고
정든 님 오라고 손짓만 하네.

우물가의 양류버들 경치좋아 보았나
물긷는 큰애기 맵시고와 보았지.

앞강물이 술술 뒤강물이 술술
소금맛이 변해도 우리 사랑 변하랴.

뒤범벅상투야

노랑두 대구리 뒤범벅상투야
언제나 길러서 내 랑군 삼나.

달뜨는 동산에 달이나 며야 좋구요
요내 가슴에 달뜬건 매맞을 징조로다.

어 랑 타 령

참나무 장작개비 두세동강 나도
너하고 나하고 기어이 한번 살아보자
어랑어랑 어허야 어럼마 디야라
널과 나로구나.

우수경칩에 대동강물 싹 풀리고
저 처자 말 한마디에 총각마음 싹 풀린다
어랑어랑 어허야 어럼마 디여라
널과 나로구나.

울타리너메다 정거장을 짓고
호박넝쿨 전보에 님소식이로다
어랑어랑 어허야 어럼마 디여라
널과 나로구나.

창밖에 내사랑 찬이슬 맞는다
어머니 아버지 잠 깊이 드세요
어랑어랑 어허야 어럼마 디여라
널과 나로구나.

심심산천 단풍잎은 칠월망종에 다 썩고
네속 내속 타는건 약속이 못맺어 타겠지
어랑어랑 어허야 어럼마 디여라
널과 나로구나.

강서메나리

노랑두 대구리 물레줄상투
언제나 길러서 내 랑군 삼나
아이궁 데이궁 성화가 났구나.

뒤동산 호랑이 뭘 먹구 사노?
노랑두 대구리 꽉 물어가렴
아이궁 데이궁 성화가 났구나.

노랑두 대구리 잠들여놓다가
총각랑군님 찬이슬 맞네
아이궁 데이궁 성화가 났구나.

오롱박 조롱박 굳은건 좋구요

요내속 굳은건 쓸곳이 있나
아이궁 데이궁 성화가 났구나.

오뉴월 두엄이 썩은건 좋아도
요내속 썩은건 쓸곳이 있나
아이궁 데이궁 성화가 났구나.

찬이슬 맞는건 제쳤다놓고
모기나 깔따구 다 뜯어간다
아이궁 데이궁 성화가 났구나.

메 나 리

아이구 데이구야 성화가 났구나
저기야 저 달은 반날에 가는데
여기야 달님을 내가야 모르랴.

아이구 데이구야 성화가 났구나.
가는 님 허리를 아담쑥 안고
가지를 말라고 생야단 친다.

아 리 랑

요렇게 조렇게 정들여놓고

리별이 잦아서 못살겠네
아리랑 아리랑 아라리요
아리랑 고개로 넘어간다.

멀구 다래 떨어진건 꼭지도 있건만
부모 동생 떨어진건 꼭지도 없네
아리랑 아리랑 아라리요
아리랑 고개로 넘어간다.

사람이 나구야 돈이 났건만
사람을 모르고 돈만 아느냐
아리랑 아리랑 아라리요
아리랑 고개로 넘어간다.

행주치마 똘똘 말아 옆에다 끼고
총각아재 갈적에 왜 못갔던고
아리랑 아리랑 아라리요
아리랑 고개로 넘어간다.

사람이 살면 몇백년 사나
한 백년 살자는데 성화도 많네
아리랑 아리랑 아라리요
아리랑 고개로 넘어간다.

님 넘는 고개

청산이 푸르적적 가시던 님이
백설이 흩날려도 아니온다
아리랑 아리랑 아라리야
아리랑 고개로 넘어간다.

아리랑 고개는 열두나 고개
님 넘는 고개는 한고개라
아리랑 아리랑 아라리야
아리랑 고개로 넘어간다.

숨소리 간과서 들어와요

열두칸 부시쌈지 칸잡아놓고
별낭침 놓다가 들키였네
아리랑 아리랑 아라리야
아리랑 고개로 넘어간다.

오뉴월 염천이 무엇이 추워
문고리 잡고서 발발 떠나
아리랑 아리랑 아라리야
아리랑 고개로 넘어간다.

문고리 잡고서 떨지를 말고
숨소리 간과서 들어와요
아리랑 아리랑 아라리야
아리랑 고개로 넘어간다.

시아비 아들

오이밭의 원쑤는 고슴도치가 원쑤고
우리 집 원쑤는 시아비 아들이 원쑤라.

남의 계집 보려고 울타리 넘어가다가
호박넝쿨에 걸려서 목을 매 죽었네.

님그리워 죽은 무덤은 요리간앞에 하구요
돈그리워 죽은 무덤은 은행복판에 두어라.

아리랑 고개

아리랑 아리랑 아라리요
아리랑 고개로 날 넘겨주소
아리랑 고개다 오막살이 집짓고
정든 님 오기만 기다리누나.

아리랑 아리랑 아라리요

아리랑 고개로 날 넘겨주소
넘겨줄 생각은 하루에 세번 나도
엄부령 슬하라 못넘겨주겠네.

아리랑 아리랑 아라리요
아리랑 고개로 날 넘겨주소
산천이 고와서 돌아를 봤나
님계신 곳이라 돌아를 봤지.

아리랑 아리랑 아라리요
아리랑 고개로 날 넘겨주소
정들자 리별도 분수가 있지
시집간지 삼일만에 리별이로다.

아리랑 아리랑 아라리요
아리랑 고개로 날 넘겨주소
팔자좋은 사람은 형편이 좋아도
마당가의 모닥불은 날과 같이 속타네.

아리랑 아리랑 아라리요
아리랑 고개로 날 넘겨주소
뒤동산 고목은 날과 같이 속썩고
앞남산 굴밤나무 날과 같이 매맞네.

정선아리랑

아리용 아리용 아라리요
아리용 고개로 넘어간다
여주 이천 물레방아 샘지방아
허풍선이 궁굴대는 백두산물줄기 안고
주야장천 사시장철 떠드럭 쿵덕쿵
빙글뱅글 뺑글빙글 도는데
우리나 정든 님은 어델 가서
나를 안고 못도나.

아리용 아리용 아라리요
아리용 고개로 넘어간다
심심산천에 썩 들어가서
쓸데없는 바위밑에다
초지 한장 걸어놓구서
아들딸 낳아달라 산제불공 말구서
돈없는 요내 일신 괄세를 말아.

아리용 아리용 아라리요
아리용 고개로 넘어간다
백두산이 털썩 주저앉아서
오간데 없어져도 너와 나
맺은 정만은 번치를 말라

열길 절벽바위 벽상에다가
달걀을 붙였다 잡아떼듯이
너와 나 맺은 정분 변할소냐.

방아타령

님 아니 볼적에 할말도 많더니
그대를 대하고보니
어안이 벙벙 가슴이 답답
답답한 요내 심사 내 님이 알아줄가
엤다 우겨라 방아로구나.

연분이 둘리라

하늘천 따지땅에 집우자로 집을 짓고
날일자 영창문을 달월자로 달아놓고
밤이면 그대 만나 사랑을 나누잔다.

이리형숭 저리헝숭 허트러진 근심
만화방초 엥혜라 궁글어간다
울고 가는 저 기러기 내 글 한장 전하려마.

오고 가다 만난 님은 정으로 깊었던지
생각하고 생각하니 사귄것이 원쑤로다

일후에 또다시 만나면 연분이 들리라.

아이공 데이공 성화로다

게는 잡아서 구럭에 넣고
가는 님 붙잡아 정들이자
아이공 데이공 성화로다.

울타리쪽에도 해질 때 있고
님과 나와도 만날적 있구나
아이공 데이공 성화로다.

움씰 해쭉 웃는 입은
탐접 봉선화 문것 같구나
아이공 데이공 성화로다.

연분홍저고리 외독물치마
네 입기 좋고 나 보기 좋다
아이공 데이공 성화로다.

네 오너라

네 오너라 네 오너라 네가 와야 내가 보지
내가두 가야 너를두 보겠나

아이공 데이공 성화가 났구나
성화나 끝에도 좀 울었더니
량컨두 두눈이 오동동 부었네.

오라구 하기는 제 오라 해놓구
사대문 걸고서 수나비잠 잔다
아이공 데이공 성화가 났구나
성화나 끝에도 좀 울었더니
량컨두 두눈이 오동동 부었네.

문을두 걸었으면 실문을 걸었을가
불타진 새끼로 걸어를 놓았지
아이공 데이공 성화가 났구나
성화나 끝에도 좀 울었더니
량컨두 두눈이 오동동 부었네.

수 심 가

홀로 앉아 님이 오나
누웠으니 잠이 올가
잠을 자야 꿈을 꾸고
꿈을 꿔야 님 상봉하지.

산이 높아 못오시나
물이 깊어 못오시나

산 높거든 쉬염쉬염 오시고
물 깊거든 배를 타고 건너오소.

동쪽에서 돋은 달이
서쪽에 기울도록
잠조차 가져가신 님을
생각하는 내 그르지.

애 원 성

말은 가자고 네굽을 치는데
정든 님 날 잡고 락루를 하누나.

가시는 님을 붙잡지 말아라
갔다가 돌아오면 더욱 반가우리.

산중의 귀물은 멀구다래전만
인간의 귀물은 널과 나로구나.

감옥살이 징역도 기한이 있는데
우리나 리별은 기한도 없구나.

나어린 서방

서당에 가라고 관을 사다 주었더니
개구멍에 틀어박고 병아리 모이만 준다.

절구통너머 노랑두대구리
꿈에도 빌가봐 끔찍도 하구나.

이빠진 쌀함박은 쌀 이나마나하구
나어린 서방은 얻으나마나하구나.

연분이 들었네

멀구야 다래야
열지를 말아라
산골집 큰애기
일밭에 못간다.

살구나무꼭대기에
흰나비 한쌍 놀구
살구나무아래에는
연분이 들었구나.

그리운 님

어제밤 꿈에 기러기 보이더니
오늘아침 오동나무에 까치가 우네.

이제나 님이 올가 저제나 님이 올가
고대고대 기다려도 님소식 돈절이라.

일락서산에 해는 뚝 떨어지고
월출동령에 달이 막 떠오누나.

춘몽에 밤이야 몇밤이 지나갔나
에루화 오늘도 성화가 났구나.

은비녀꼭지

반드작 반드작 은비녀꼭지
고개만 흔들어도 날 보자는거다.

물길러 간다고 부산을 말고
부뚜막새에다 우물을 파란다.

오르며 내리며 잔기침소리

물에 만 흰 이밥에 목이 다 메누나.

백년가약 맺겠네

물푸는 소리는 풍당쪼르르 나구요
님오라는 손길은 나비놀듯하누나.

천길 벼랑에 뚝 떨어져 살아도
정든 님 떨어져 나는 못살겠네.

석탄 백탄 타는줄은 산천초목이 다 알지만
요내 가슴 타는줄은 정든 님도 몰라요.

모본단 저고리앞섶에 기약서도장 찍고서
말 한마디만 잘해도 백년가약 맺겠네.

사 랑 가

네로구나 네로구나
암만봐도 네로구나
내가슴에 병을주고
떠나가던 네로구나.

어째왔소 어째왔소

오고갈길 어째왔소
새벽닭이 홰를치니
눈물강이 찾아왔소.

내 서 방

솔잎사귀 대구리 물레줄상투
언제나 길려서 내 서방 삼나.

시내강변에 가는비 오나마나
어린 서방은 있으나마나.

노랑두 대구리 쥐나 콱 물어가라
동네집 총각이 내 서방 되리라.

매맞을 징조라네

담 넘어갈적엔 큰마음 먹더니
문고리 잡고선 발발 떠누나.

동에 동창 달이 솟아 서에 서창 넘어가고
불컨 방안에 님의 손길 얼른하네.

여보소 총각아 손목을 놓아라

고양사 접저고리 등돌아간다.

달이 뜬 동산에 달이나 밝아 좋고
요내 마음 달뜬건 매맞을 징조라네.

리 별

뉘라서 장부라더냐
리별에 들어 장부 있나
명기도 눈물짓고
항우도 울었으니
하물며 뉘라서 장부라 명하리.

내 정은 청산이요
님 정은 록수로다
록수는 흐를망정
청산이야 변하리까
우리 님 저 물과 같이 흐르느라 못오시나.

달아 달아 뚜렷한 달아
님 동창에 비친 달아
님 홀로 계시더냐
어떤 잡년 품었더냐
명월아 일러다오 생사결단내리라.

님

앞강물에 뜬 배는
님을 싣고 가는 배
뒤강물에 뜬 배는
우리 집 떠나는 배.

님 실어올적에는
본돛을 달았더니
님 실어갈적에는
찬돛을 달았네.

아침 저녁 우는 새는
어시 그려 울구요
아닌밤중 우는 나는
님 그리워 운다네.

그리움

날개 좋은 학이 되면 날아가련만
들랑날랑 맴도니 한숨은 연기로다
산은 첩첩 청산이요 물은 중중 수일러라.

리별이 불이 되여 간장을 태우누나
눈물이 비가 되면 붙는 불 끄련만
가슴은 불타서 한숨이 연기로다.

묘한 자태 눈에 삼삼, 고운 소리 귀에 쟁쟁
자나깨나 님그리워 보고지고 듣고지고
가슴 답답하여라 붙는 불 어이 끌고.

누가 알가

저녁에 마실을 나갔더니
홍당목치마가 열두챌래.

저녁을 먹구서 썩 나서니
이웃집 김도령 눈짓하네.

손짓을 하여도 모르는데
눈짓을 하여서 그 누가 알가.

각시타령

네가야 잘나서 일색이냐
내 눈이 어두워 일색이지.

아실아실 춥고서 골머리 아파
아씨야 성님아 날 살려라.

아실아실 추운 병은 누가 준 병?
아실아실 추운 병은 님자가 준 병.

상 투

총각랑군을 좋아했더니
우리 집 노랑머리 상투를 뺐네.

상투만 베면 총각인가요
뒤머리 없어야 총각아재지.

꽃가진 고와도

꽃가진 고와도 가지 높아 못보고
유정님 고와도 뜻이 높아 못보네.

십오야 밝은 달은 월궁에서 놀구요
백옥같은 이 몸은 님품에서 놀리라.

오 동 나 무

오동나무 열두대속에
신선 선녀 하강했나,
홍도 백도 우거진 곳에
처녀 총각 넘놀아든다.

정 든 님

기차가 떠날적에 철창대 짱짱 울고요
요내 인생 떠날적에 어느 누가 우나.

처마에선 락수물이 뚝뚝 떨어지고
요내 가슴엔 눈물이 뚝뚝 떨어지네.

잊어나 버리자니 생각이 더욱 솟누나
접동새 넋이면 울고나 돌아가지.

천길 만길 벼랑에 뚝 떨어져 살아도
정든 님 떨어져 나는 못살겠네.

보고싶은 내 님을 한번 만나본다면
겨죽을 먹어도 생살이 보얗게 진다네.

처 녀

행주치마 입에다 물고 힐숭셀숭
총각량군 보고서 인사를 못해.

문고리 잡고서 서둘지 말고
심중에 있는 말을 어서 하려마.

님이나 다녀온다

바람이 불라면 지화자바람 불어라
풍년이 들라면 님풍년 들어라.

스리슬슬 동풍에 궂은비 줄줄 내리고
시원한 년풍에 님이나 다녀온다.

전등불이 밝아서 놀기가 좋구요
보름달이 밝아서 도망질치기가 좋구나.

너는 나를 보며는

너는 나를 보며는 본숭만숭하여도

나는 너를 보며는 생이가 벅벅 갈린다.

물푸는 소리는 퐁당쪼르르 나구요
님 오라는 손길은 나비놀듯하누나.

고운 꽃은 웃어도 소리가 안나고
새는 울어도 눈물이 안보이누나.

그 리 움

사랑인지 쇠돌인지 용천인지 방천인지
잠을 깨고보니 맨봉당이로구나.

잠을 자야 꿈을 꾸지 꿈을 꿔야 님을 보지
눈물 흘러 옷섶이 다 젖어났네.

초 불

초불은 겉으로 눈물지으나
요내속 타는줄 전혀 모르네
언제나 내 정든 님을 만나서
눈물없이 웃음으로 살아볼가나.

총 각

이 앞집 처녀는 시집을 가는데
요 뒤집 총각은 목매러 가네
여보 총각 목매러 가지 말고서
내 시집 갈 때에 벼슬이나 하소.

나 돌아간다

일락서산에 해떨어지고
월출동령에 달솟아온다
아 허 어허야 어허야
어 허 에헤 에헤요.

벼를 지고서 나 돌아간다
우리 님 보고서 나 돌아간다
아 허 어허야 어허야
어 헤 에헤 에헤요.

봄 타 령

봄이 왔네 봄이 와

숫처녀 가슴에도
나물캐러 간다고
아장아장 걸어가니
산들산들 부는 바람
아리랑타령 저절로
에——새봄이 좋구좋아.

봄이 왔네 봄이 와
숫처녀 가슴에도
늙은 총각 기막혀
호미자루 내던지고
피리소리 맞춰가며
신세타령 하누나
에——새봄이 좋구좋아.

결혼축하가

창공에 우는 새는 어미를 찾고
강변에 우는 꾀꼴 벗을 찾는다
신랑군 신부양 두분의 몸은
남산의 솔빛이 변할지라도
계약을 정한 마음 변치 마시오
두분의 기쁘신 사랑속에서
열매맺는 장래를 축하합니다.

잔설이 치는 밤

달밝고 잔설이 치는 밤에
애가 썩고 남은 간장 타네
아이고나 데이고 성화가 났구나.

기차야 네 무슨 심술로
가는 님 실어다놓고 무소식이냐
아이고나 데이고 성화가 났구나.

아서라 말어라 생각을 말어라
떠난 님 믿다가 내 일이 랑패라
아이고나 데이고 성화가 났구나.

무정방초는 년년이 오건만
옥골행차는 귀불귀로다
아이고나 데이고 성화가 났구나.

천 방 지 축

천방지축 떠도는 신세
물우에 천방지축 떠도는 신세
검푸른 저 바다에 물결이 이네

아낙네 가슴에도 물결이 이네.
우리 님 떠나실 때 남기신 말씀
나리꽃 필 때면 오신다더니
나리꽃 피고 진지 몇몇해런고
포근한 안개속에 아득하건만
잘 가라 잘 있소 울던 그 모양
눈앞에 아리아리 어려온다오
우리 님 오시는 밴가, 떠나는 밴가
배를 다잡는 소리만 들릴뿐.

우리님은 어데가고

해다지고 저문날에
골골마다 연기난다
우리님은 어데가고
저녁할줄 모르는가.

귀밑머리 파뿌리가
다되도록 살쟀더니
추풍잡년 될줄이야
나는정말 몰랐구나.

자진방아타령

박연폭포 흐르고 얕은 물에

수상어선 타고서 배놀이 가자
얼싸좋다 둥그레당실 둥그레당실
너도 당실 나도 당실 월순년 늦어 달빛.

신자룡 남문에 올벼풍년 들구요
요내 일신은 님흉년 들었네
얼싸좋다 둥그레당실 둥그레당실
너도 당실 나도 당실 연자머리로 갈가나.

금강산 꼭대기에 홀로 선 소나무
날과도 같이 적막도 하구나
얼싸좋다 둥그레당실 둥그레당실
너도 당실 나도 당실 네카머리로 갈가나.

정사초롱 불이나 밝아 좋고
춘향네 집으로 찾아가니 좋더라
얼싸좋다 둥그레당실 둥그레당실
너도 당실 나도 당실 네카머리로 갈가나.

질래개비 훨훨 모두다 건너간다
주렁주렁 따라서 에루화 앵돌아진다
얼싸좋다 둥그레당실 둥그레당실
너도 당실 나도 당실 사랑도 당실 안고돈다.

서사가요편

류 벌 가

서두나 물곬에서 사시봇대 쥐고
빙글뱅글 두만강수로 내려간다
강변의 버드나무 내 동무 삼고
구녕바위로 어널널 들어간다
들어갈적 오줌이 살살, 가슴이 두근두근
죽을 고비 넘는다 어떻게 갈가
또다시 요렇게 작두간을 나간다
우주죽 우주죽 콩닦는 소리
떼군이라 떼쓴다 욕을 하누나
사시봇대는 내 동무, 내 사랑
기술이 좋아 앉아서도 가노라
일등 고가가 내손에 있구나
에개목에 당도하니 구불구불
와짝와짝 나가면서 좋아 노래부른다
요렇게 가며는 하루이틀 무사하지
회령구로 당도하니 가슴이 두근닷근
빙글뱅글 돌아서 회령구로 들어간다
술 아니먹자고 맹세를 했더니
얼씨구나 좋아서 한잔을 먹는다
에―좋구좋아 허널널이 절로 난다
내려가 내려가 두만강변 내려가

범구석 지나서 납닥바위 당도하니
사시붓대 쥐고서 슬렁슬쩍 내린다
요렇게 내려가 래일 장죽 놀아보자
놀기만 하여서 어찌될소냐
사시붓대 내 동무 삿대를 쥐고서
오르며 내리며 눈물이 솰솰
가매소로 내리니 내 사랑 둥둥
얼씨구 절씨구 내달아 나온다
이여라 디여라 방방곡곡 가건만
우리 님 하나는 보이지 않네
두만강변 빨래질소리만 듣기 좋아
좋은 날 궂은 날 따로 없구나
우리나 일생은 폐타기만 하는데
매일 장죽 요런노릇만 하다가
어느 때 죽을지 알지를 못하겠네
간데족족 려관이라 반갑다 마라
얼씨구나 또다시 절씨구나 나간다
내려가는 물소리 내 목숨 한가지라
고개고개 물고개 벗을 삼아 내려간다
물거품아 네 가는 길 나도 뗘간다
그러면 영낙없이 내 마음도 놓이지
기차기도 하구나 요내 신세 기차다
세상에 이런 법도 어디 있느냐,
어머니 아버지 자식도 버리고
물우에는 무인지경 요렇게 떨며 잔다
나무통아 나무통아 요내 신세 말해주렴

청산도 산이요 두만강도 물이요
요내 일신도 사람인데 누굴 바랄가,
야밤삼경 뗴우에서 초대잠만 자노라
새벽서리 찬바람에 어떻게 갈가나
명일에 요행히 당도한다면
또 한잔 먹구서 노래나 부를가,
신세자탄 내 노래는 어데다 전할가,
사람이래 사람이냐 뗴군이래 사람이냐
너도 사람 나도 사람 뗴군도 사람.
안먹어도 여기서 자구 가잔다
래일 또 떠나니 요다지도 모지냐
두만강은 눈물강 내 집이라오
적막한 산밀으로 내려갈적에
요내 일신 사람이냐 귀신이더냐
먹지도 못하고 뗴만 타누나
요렇게 살며는 귀신인가 사람인가
적막한 강산에 나 하나뿐이로다
이 신세로 살소냐 흐르나니 눈물이요
눈물은 흘러서 두만강수라
피눈물로 두만강에 노래부른다
아서라 말어라 돈없다 괄세 마러
네가 잘살면 몇백년 사나
네가 잘나서 일색인줄 아나
왔다갔다하여도 나는 신선이란다
사람이 중터냐 돈이 중터냐
두가지를 놓구서 생각해보아라

개도 아니먹는 돈, 돈이 다 뭐랴,
대대손손 앞날을 보구서 사노라
떼목이 섬에 걸리니 그걸 떼노라
무리를 안고서 통곡하노라
부엉이 부엉부엉 물은 흘러 쏴—쏴—
바람은 세차게 불고 우누나
물동을 슬렁슬렁 저어나가다
먹구보니 좋을시구 먹은 뒤에 한탄이라
요렇게 빚을 메고 나는 흘러가노라.

성 주 풀 이

성주로다 성주로다
성주보니 대서로다
대서보니 만서로다
강남갔던 강구제비
솔씨한쌈 물고와서
이산에다 던질가나
저산에다 던질가나
무주공산 던졌구나. (주)

그솔하나 자랄적에
아침이면 이슬맞고
대낮이면 해빛받고
저녁이면 구름받고

밤중이면 달빛받고
그솔자라 베일적에
옥도끼로 갖다치고
금도끼로 갖다치고
한번찍어 천자울고
두번찍어 만동울고
세번만에 찍어내여
큰톱으로 토막내여
큰자귀로 깎아내여
큰대패로 다듬었네。

소나무로 집을지어
삼년만에 잘될적에
아들낳아 충신되고
딸을낳아 렬녀되고
소낳으면 억대우요
말낳으면 룡마로다
도야지는 꿀꿀이요
검둥개는 삽살이요
닭낳으면 봉황되네。
소나무로 집을지어
륙년만에 못될적에
아들낳아 불순아요
딸을낳아 잡년이요
소를낳아 나비먹고
말을낳아 비루먹고

• 139 •

개를낳아 미친개요
돼지낳아 부도치요
빈집안에 빈뜨락에
깨진그릇 남았더라.

주: 무주공산──인가도 인기척도 전혀 없는 쓸쓸한 산.

어 사 영

지리산 갈가마귀야
너실너실 높이 떠서
시내강변에 후루루 앉누나
더디도다 더디도다
한양랑군 더디도다
청실 홍실 맺진 않았어도
눈정으로 맺은 인정이
남보다 유다르더니
새벽바람 찬이슬에
두어마디 리별하고
한번 슬쩍 가신 님이야
약속 삼년에 소식이 끊어지구
편지 한장 없었으니
외로운 이내 몸 어이 살리
이 몸에 날개돋아
구만리 창공 높이 날아

구곡에 맺힌 여한
남김없이 풀어볼가
아이구 그리도 못하리。

이 몸이 아차 죽어져서
뼈는 썩어 황토되고
살은 썩어 물이 되여
황천수를 보태여
멀고먼 님계신 곳 찾아가면
나는 응당 님을 알리마는
님이야 어찌 나를 알리오
울고가는 저 기럭아
가거들랑 나의 소식을
님에게 전해다오
두어마디 엿주고나니
창망한 구름속에
기러기만 간곳 없고
빈 바람소리뿐이로구나。

데려가소 데려가소
한양랑군 날 데려가소
더디도다 더디도다
한양랑군 더디도다
이번 길에 서울 가면
초당에 공부하여
명년 삼월 과객하면

일등 미색 사랑하고
나를 아주 잊겠구나.

남도령과 서처자

첫닭울어 일어나서
두홰울어 밥을지어
세홰울어 밥을먹고
네홰울어 보짐싼다.

만첩산중 썩들어가
참나무가 쓰러진골
올라가면 올고사리
내려가면 늦고사리.

정자좋고 물도좋다
서처자와 남도령이
재미나게 나물캐다
점심이나 먹구본다.

도령밥은 이밥인데
처자밥은 조밥이요
처자밥은 도령먹고
도령밥은 처자먹네.

일락서산 해다진다
서처자와 남도령이
네폭에다 귀를접어
어야집에 돌아간다.

산에가니 산이높고
골로가니 골깊은데
손목잡고 돌아를가
백년가약 맺았구나.

고아의 노래

저기가는 저아버님
저기가는 저어마님
앙금앙금 걷는애기
젖을달라 보채울고
자작자작 걷는애기
신을달라 보채우니
우리엄마 올때까지
우리애기 젖좀주소
우리아빠 올때까지
우리애기 신좀주소.

너의엄마 언제오나

동솥밑에　앉힌밥이
싹이나면　돌아오고
살강밑에　삶은밥이
눈이트면　돌아오고
병풍안에　그린닭이
홰를치면　돌아오고
시렁우에　그린룡이
꼬리치면　돌아온다．

남동생이　열다섯살
어머니묘　찾아가니
싸리나무　소복해서
싸리베여　짊어지고
한등넘어　아버지묘
풋나무를　가득해서
풋나무를　메고가오
한단팔아　책을사고
한단팔아　붓을샀소
책은사서　옆에끼고
붓대사서　손에들고
대감집을　지나는데
대감집의　맏딸님이
마루끝에　나와앉아
하는말이　저총각아
하루밤만　쉬여가라
하는말이　곱다마는

길이바빠　못들겠소
그대로만　지나가니
자기방에　안든다고
세상몹쓸　욕다한다.

저기가는　저총각이
말을타고　장가가면
말다리가　부러지고
가마타고　장가가면
가마채가　부러지고
대루청에　들거들랑(주)
사모관대　떨어져라(주)
점심상을　받거들랑
상다리가　부러지고
은수절을　들거들랑
은수절이　부러지고
첫날방에　들거들랑
잠든듯이　찾아들라.

그총각이　독을입어
저승길을　떠날적에
원통하여　하는말이
내숨지여　죽은후에
대감집의　만딸님이
시집가는　길가에다
분봉지어　묻어달라.

대감집의　맏딸님이
좋은집에　시집갈때
가마메고　지나다가
가마채가　떡붙었다
이각시가　하는말이
저승사람　될라치면
밀장백이　갈라지고
이승사람　될라치면
가마채가　떨어져라
대감딸님　말그치자
가마밑창　떡갈라져
총각량군　나오더니
각시끌고　들어가며
생사결단　하자누나.

　　주: 대루청—(待漏庭) 이른아침에 대궐안으로 출근하는 사람이
　　　　대궐문이 열리기를 기다리는 곳.
　　　사모관대—(紗帽寬帶) 사모와 관대.

배 따 라 기

온화 춘색은 다　지나가고
황국 단풍이 돌아왔다
황국 단풍은 설담아서.
백설 강산이 돌아왔네.

우리 인생은 궁하여
타고 다니는건 칠성판이요
먹는 밥은 사자밥이요
입는 옷은 매자포요
쓰는것은 명전이라.

배를 타고 수로 창파중에
둥둥 떠날적에
금년 신수 불행하여
운무는 자욱하고
검은 구름 뭉게뭉게
우뢰울고 비방울 뚝뚝
모진 광풍에 천동치고 지동치는데
돛대는 부러져 삼동강나고
기발은 떨어져 환고향할 때
영천도 닻도 다 끊어지고
빈 배만 남아 이리저리 떠돌적에
영좌님아 새 놓아보아라(주)
동서 사방이 어디메며
평양 대동강 어데로 간단말이냐,

한일없이 배 파손되여
검은 물은 콸콸 솟아올라
사십명 동무 어복중에 장사지내고
만경창파 대해중에
이리저리 떠돌적에

상어란놈 뒤다리 잡아당기고
갈매기란놈 등살을 파먹을 때
황명모사에 두견이 울고
창파록림에 잰내비 회파람 불 때
고향과 사십명 동무 생각
이 아니 가련한가.

비나이다 비나이다
북두칠성 일월성진
하느님께 비나이다
이내 목숨 살려달라 비나이다
요행으로 고향배를 만나
살려주오 살려주오
수십차를 부를적에
구곡간장 다 녹인다.

영좌 호령하여 하는 말이
죽었던 인생 살려주라
요행으로 고향배 타고 돌아올 때
때는 마침 어느 때냐
십오야 밝은 달이 허궁에 떴는데
어정어정 걸어들어오니
마누라 제저를 벌려놓고
분향 재배 드리누나
한잔 부어 강신하고
두잔 부어 태배하고

석잔 부어 첨작하며
애곡을 불러 슬피울 때
혼신이라도 있거든 흠양하소
령신이라도 있거든 흠양하소.

이때 문열고 들어서니
어머니 화닥닥 달려들어
두 손목 부여잡네
《이거 웬 일이냐 꿈이냐 생시냐?
꿈이거든 깨지 말고
생시거든 변치 말라.》
마누라 하는 말이
《일후에는 밥을 빌어 죽을 쓸망정
배노릇을 하지 마소.》

주: 새―지남침

시 집 살 이

시집이라 가니깐
미나리를 캐오라네
미나리골로 들어가서
큰 칼로 쑤셔내여
배또칼로 뿌리잘라
더운 물에 헤워내여

찬물에 씻어내여
기름 간장 메워놓고
아버님께 들여가니
늦었다고 안잡숫고
어머님께 들여가니
늦었다고 안잡숫고
암캐같은 시누이도
늦었다고 안잡숫고
하늘같은 랑군님이
량손에 받아 잡숫네.

《아버님 아버님
은양푼을 홀 마샀소
은대로를 홀 마샀소
은양푼은 머리감다 홀 마샀소
은대로는 불을 뜨다 홀 마샀소.》
《요년 조년 너를 주고 못바꾸리.》
《어마님네 어마님네
은양푼을 홀 마샀소
은대로를 홀 마샀소.》
《요년 조년 너를 주고 못바꾸리.》
암캐같은 시누이께 말을 하니
《요년 조년 너를 주고 못바꾸리.》

《아버님 아버님
나는 가오, 나는 가오.》

《새며늘아 새며늘아
인제 가면 언제 오나?》
《닦은 콩이 싹이 날 때 오나마나.》

《어마님네 어마님네
나는 가오 나는 가오.》
《새며늘아 새며늘아
인제 가면 언제 오나?》
《닦은 깨가 싹이 나면 오나마나.》

《암캐같은 시누이야
나는 간다 나는 간다.》
《새형님네 새형님네
인제 가면 언제 오나?》
《죽은 닭이 홰를 칠 때 오나마나.》

《하늘같은 랑군님
나는 가오 나는 가오.》
《이보세나 이보세나
인제 가면 언제 오나?》
《이앞으로 황두채가 지나면
나 죽은줄 압시사.》

함경감사 맏딸애기

함경감사 맏딸애기
평양감사 맏며느리
시집문전 잡자더니
저승문전 잡았구만
큰머리를 얹자더니
반머리를 얹었구만
큰상대상 받자더니
정귀대상 받았구만
가마대채 올리자더니
상우대채 올렸구만
우시군을 세우자더니
조상군을 세웠구만
아래군을 세우자더니
단제군을 세웠구만(주)
구경군을 세우자더니
조상군을 세웠구만
안채바리 몰리자더니
여위집을 몰렸구만(주)
불고개도 지욱지대(주)
솔고개도 지욱지대
널한장에 보한장에
둘러지고 가노라네

활등같이 굽은길로
북망산을 며나가네.

주: 담제군―망파는 사람.
　　여위집―혼백에 행상을 넣는것.
　　불고개―칼고개.
　　지옥지대―많고많다는 뜻.

시집살이 말많단다

무남독녀 외딸애기
애지중지 고이길러
시집을랑 보내면서
어머니가 하신말씀
시집살이 말많단다
보고도 못본체
듣고도 못들은체
소경으로 삼년살고
귀머거리 삼년살고
벙어리로 삼년살라.

무남독녀 외딸애기
가마타고 시집가서
고운눈을 내리깔고
보고도 못본체
만두같은 귀있어도

듣고도 못들은체
앵두같은 입다물고
할말도 하잖으니
벙어리라 내쫓더라。

하늘같은 랑군님이
검정소에 태워싣고
친정으로 보낼적에
날며우는 산새보고
무남독녀 하는말이
에그그새 붙잡아다
두다리는 똑떼내여
이다리 저다리 덮어주신
랑군님께 대접하고
두날개는 똑떼내여
이날개 저날개 덮어주던(주)
만동서나 대접하고
주둥이는 똑떼내여
시어머니께 대접할가。

랑군님이 듣고보니
처자말이 류수더라
두손잡고 물어볼제
무남독녀 하는말이
시집살이 말도많소
소경으로 삼년살고

귀머거리 삼년살고
벙어리로 삼년살리.
하늘같은 랑군님이
듣고보니 놀랍더라
에그님아 그리마라
백년해로 다시하자
두손길을 마주잡고
오던길을 되가더라.

주: 이날개 저날개 덮어주면―《이 일 저 일 감싸주면》이라는 듯.

춘향십장가

형장태장 삼모장으로 하나 맞고 하는 말이(주)
일편단심 춘향이 일부종사하겠더니
일가 일시 난민지액에
일일 칠형이 웬 말이요.

둘을 맞고 하는 말이
이부불경 이내 몸이 이군불사 본을 받아(주)
이수중백 노주같이(주)
일구이언 못하겠소.

셋을 닺고 하는 말이
삼강에도 우리 랑군 세상에서 제일이요

삼춘화류 승화시에 삼생연분 맺었으니(주)
사또 거행 못받겠소.

넷을 맞고 하는 말이
사시장철 푸른 송죽 풍설에도 변치 않소
사지를 찢어서 사면에 던진대도
사또 분부 못받겠소.

다섯 맞고 하는 말이
오매불망 우리 랑군 주야장천 못잊겠소
관청 장관 훈장같이, 날랜 장수 자룡같이
우리 랑군 보고지고

여섯 맞고 하는 말이
육국유세 소진이도 나를 달래지 못하리(주)
육진장포 질끈 묶어 천상에 던져도(주)
천상연분 못잊겠소.

일곱 맞고 하는 말이
칠월칠석 오늘인가 은하수라 흐르는 물
칠석야에 오작으로 다리를 놓아
도련님을 보고지고.

여덟 맞고 하는 말이
팔자도 기박하다 팔년풍진 초한시에
렬녀 춘향 무슨 죄로 모진 매를 맞는데
랑군님은 모르시나.

아홉 맞고 하는 말이
구구히 살졌더니 태장으로 구박하오
천분맺고 떠나신 도련님도 못보고
십륙세에 나 죽겠소.

열을 맞고 하는 말이
십생구사할지라도 송죽같이 굳은 절개
황천으로 간다한들 이 마음을 굽히며
본랑군을 잊으리까,

요내 일생 춘향이는
충렬 두글자 죽어도 못잊겠소
사또께서 죽일랴면 죽이시고
살리랴면 살리시오, 져는 못알림이요.

주: 형장태장―형벌
이부불경―두 랑군을 모시지 않는다.
이군불사―두 임금을 모시지 않는다.
이수중백 노주같이―미상.
삼생연분―불교의 말. 전생, 현생, 후생의 연분.
육국유세 소진이―소진이는 우리 나라 전국시대사람.
그는 6국련합을 주장하여 성공했다.
육진장포―육진이란 곳에서 나는 베.

중 타 령

중 하나 내려온다 중 하나 내려온다

쳐 중의 거동 보소 굴갓 쓰고 장삼 입고
염주는 목에 걸고 단주는 팔에 걸고
백직포장삼에 진홍띠 두르고
손연당삼 비난금 귀우에 딱 붙이고
구리백동 좋은 장도 고름에 느지차고
흔들거리며 내려온다.
한곳을 당도하니 어떠한 계집인지
백만 교태 버려놓고 록수청림 은은한데
해당화 그늘속에 봉접을 희롱한다
목란화 가지 꺾어 머리우에 꽂아보며
인계수야 백사장에 조약돌도 듬뿍 쥐여
양류지상 앉은 꾀꼬리 후여 툭쳐 날리며
매화가지 휘여잡고 시내가로 내려온다.
한곳을 당도하니 어떠한 계집인지
상하의복 훨훨 벗고 모욕을 하는구나
물 한줌 듬뿍 쥐여 이마우에 문질문질
또 한줌 듬뿍 쥐여 가슴에도 문질문질
또 한줌 듬뿍 쥐여 배꼽아래도 문질문질
중사람 보는대로 궁둥이를 내여놓고
말못하는 벙어리에게 양치질도 시키며
이리흔들 저리흔들 흔들거리며 잘도 논다.
저것이 무엇이냐 귀신이냐 사람이냐
들어갈가 말가 실수하면 어쩌나
구절죽장 앞에 놓고 소승이 문안이요
에라 이 중 물러가라 에라 이 중 어디 사나,
소승이 사옵기는 일정암사옵니다

일정암을 가옵다가 다행히 만났소이다
칠보가삼 둘러메고 구절죽장 허투로 짚고
강산을 돌면서 구하는건 미인이라
에라 이 중 물러가라 중이라고 한다면
산간에 깊이 들어 불도나 닦을게지
속간에 내려와 무리한 말 이리 한다.
이 중 저 중 허피 마오
귀우에 중이지 귀아래도 중인가
벼락맞아도 소승 급살맞아도 소승,
저 중의 거동 보소 청둥청둥 들어가니
부인이 할수 있나 잇달아 허락하니
중사람 좋아나 부인을 다리고 논다.
아서라 속았지 이노릇 좋은걸
산간에 깊이 들어 불도를 왜 닦겠나
머리에 쓴 굴갓 촬촬 찢어서
시내강변에 던져놓고
목에 건 염주는 시내물에 던져놓고
목탄은 두쪽내여 장물종고리 좋을시구
구절죽장은 뚝뚝 꺾어서
부시땡기하기 좋을시구
죽감투 벗어서 쌀조리하기 좋을시구
입었던 장삼 훨훨 벗어 무릎밑에 접어놓고
부인을 데리고 논다.
북해 흑룡이 여의주 물고
해운간으로 노니는듯
당산 봉학이 죽씨를 물고

오동사이로 노니는듯
구곡 청학이 난초를 물고
솔밭속으로 노니는듯
청풍 청학이 벗을 불러
세류간으로 노니는듯하더라.

고기낚는 타령

유점사 법당뒤에 백송골이 새끼쳤다(주)
그 새 새끼를 곱게 길러
먼산너머로 꿩사냥 보내고
백마를 잡아다가 솔질을 솰솰 해서
뒤집 초당에 느실느실 매여놓고
삼동 낚시를 둘러메고
고기낚으러 나간다.
잘거나 굵거나 굵거나 잘거나
주섬주섬 주어다놓으니
백사장에 펄펄 뛰는 청석바둑.
앵목공작 깃들던 뒤동산에 선뜻 올라
양류청청 버들을 뚝뚝 꺾어
다만 세잎만 남겨두고서
쭈루룩 잎사귀 훑어내려
아가리 메가리 느실느실 꿰여놓고
섬섬 옥수로 살짝 집어다가

록수에 자근자근 눌러놓고
여봐라 동자야,
선간 옥관이 내려오시거든
이리로만 모셔오너라 에라 만수—.

주: 백송골—독수리과에 속하는 새.

소상팔경가

학이 대명하고 음풍은 노호하여
수변에 우난 새는 천병만마 서로 만나
철기도창 있는듯 처마끝에 급한 형세
백척폭포 쏟아있고 대수풀에 흩뿌릴제
잎잎이 호소하니 소상이라 하는구나.
칠백평 맑은 물은 상하천광 푸르렀다
구름밖에 문득 솟아 중천에 배회하니
월궁상이 단장하고 새 거울을 열었는데
정막한 어옹들은 새를 얼어 출몰하고
풍림의 귀아들은 빛을 놀라 사라지니
명산 명수 이 아니냐,
연파만경은 하늘에 닿았는데(주)
오고가는 상공선은 북을 둥둥 울리면서(주)
어기여차 돛감는 소리 은은히 들리더니
다만 앞에 섰던 산이 문득 뒤로 옮겨가,
옥경광경 따고가니 원포귀빈이 아니냐,(주)

수벽 사면 량안이요 불승청운 각비래라(주)
울고가는 저 기러기 갈순 하나 입에 물고
일점일점 점점마다 상수로 울고가니
수운이 적막하고 옛사당이 황량코나
황제혼도 서러워 새소리에 눈물지으리
파조귀래 배를 매고 밥짓는 내를 맡고(주)
고기 주고 술을 사서 취토록 먹은후에
관내성 부르면서 달 띄워 조롱하니(주)
천지는 자욱하여 분분 비가 내리느냐,
봉접이 다투난듯 유공의 성난 가지
엄호가 엎디난듯 은하고 놓였으니
강호묘월이 이 아니냐,
산촌에 지는 연기 중천에 사라지니
정다운 어룡들은 여러 고기 희롱하고
진친에 젊은 계집 집을 지어 벌렸는데
무산에 놀던 선녀 육초산군 떨쳐입고(주)
별밖에 진을 쳐 추적적우비비하니(주)
명승고적 이 아니냐
강산을 구경하려면 다만 소상으로 찾아오라.

주: 연파만경―안개 보얗게 낀 만경창파.
　　상공선―상업을 일삼는 배.
　　원포귀빈―먼데서 온 손님.
　　불승청운 각비래―푸른 빛의 구름이 제각기 날아들다.
　　파조귀래―물결을 타고 돌아오다.
　　관내성―미상.
　　육초산군―빛이 나는 폭넓은 치마.

추적적우비비─발자취 따라 비가 막 날아내리다.

화 초 단 가

고고천변 일륜홍 부상에 둥실 높이 떠(주)
량구여, 잦은 안개 월봉으로 돌고
어장촌 개짖고 허연봉 구름이 꼈다
노화는 난다 눈되고 부평은 물에 둥실 떠
어룡은 잠자고 잘새는 날아든다
동자여춘에 파시촌 금수추파 이 아니냐
앞발로 벽판을 적어당겨
뒤발로 청낭을 탕탕(주)
요리조리 조리요리 앙금당실 노닐적에
동남을 바라봐 지광은 칠백리(주)
파광은 청일색,(주)
무산의 십이봉은 구름밖에 멀어 있고
해외 소상 일천리 안하의 경개로다
악양루 높은 집에 두점이 앉아 지은 글(주)
동남으로 보이고
북방소식 저 기러기 소상강으로 돌며
천봉만악을 바라봐,
만경대 구름속에 학선이 앉아있고
칠보산중 검은 구름 허공에 둥실 높이 떠
계산 파문에 올라 산은 층층 높고높아

경수 무풍에 야자파 물은 슬렁 깊었는데
이 곬물이 쭈루룩 저 곬물이 꽐꽐
열에 열곬물이 한데 합수쳐
천방져 지방져 언턱지고 방울져
방울져 언턱져 황장불러 둥둥거려
저 전너편 언덕에 마주 꽝꽝 마주쳐
솨르렁 꼴꼴 흐르는 물은
거품이 부쩍 산양수로 돌아든다
만산은 우루루 국화는 점점
벽수는 뚝뚝 장송은 락락
해월 록수지경 남산 두루미 날아든다
내려굽어보니 백사지땅이라
허리굽어 늙은 장송 모진 광풍 못이겨
우줄우줄 반춤춘다
록음은 우거지고 방초는 숙어져
앞내 버들은 유록장 두르고
뒤내 버들은 청포장 둘러
한가지 꺾어져 한가지 늘어져
춘비춘흥을 못이겨 우줄우줄 반춤출제
삼월이라 삼진날에
연자는 날아들어 옛집을 다시 찾고
호접은 펄펄 나무나무 속잎난다
가지가지 꽃피여 아마도 네로구나
이런 경치가 어데 또 있느냐.

주: 부상一(扶桑)옛날 중국에서 해가 뜨는 동쪽 바다속에 있다고

상상한 나무. 또 그곳.
청낭―푸른 벼랑.
지광―땅.
파광―물결.
두접―두보.

몽 유 가

이 몸이 한가하야 세상사를 소제하고
초당에 누워 생각에 잠기니
창밖에 달이 밝고 청풍이 소래커늘
학수침 베고 겨우 한잠 들었더니(주)
호접이 장주되고 장주가 호접되여(주)
통천하를 두루 돌아 태공 삼한 배운후에(주)
인간만물 알리도다
공명을 찾아가니 칠십제자 모였구나
강태공 만나보니 의양지재 가득하다
리태백 만나보니 강남풍월 좋을시구
구주 천자 사해문장 이 아니냐,
만고필법 왕헤지와 백락천의 장한 노래
도연명의 귀글해사 분명하도다
창오산 구름속에 순임금을 보러 가니
오현금을 비껴안고 남풍가를 부르신다
금강령을 찾아가니 어양태수 안록산이(주)
양귀비를 앗으려고 당명왕을 쫓아내니(주)

명왕의 피눈물이 아미산을 젖혔노라
진시황의 어린 소견 만리장성 쓸데없고
아방궁을 불지르니 종묘살이 한심하다
애닯을사 초패왕은 우미인을 리별할제^(주)
눈물이 피가 되여 적장말을 분히 여겨
오강을 못건너고 수양산을 들어가니
백이숙제 고사리를 캐여먹고 주나라 근심한다.
소성을 지나가서 멱라수변 다달으니
오자서와 굴삼려는 애국충혼 깊은 뜻이^(주)
애애 호호 슬피운다
요지성경 구경하러 백옥산을 올라가니
선관 선녀 모였구나 신선풍류 좋을시구
충충루산 올라가니 월궁항아 반기도다
만반진수 차려놓고 상아절로 맛을 보니
불로초로 채소하고 룡두산적 봉미탕에^(주)
백통주 천일주에 불사약이 안주로다.^(주)
견우 직녀 찾아보니 하동 하서 나눠있어
칠월이라 칠석날에 오작으로 다리놓아
견우 직녀 만나보니 눈물강이 은하수라
추월만냥 우난 닭은 맹산군의 닭이로다
이와정에 짖난 개는 마귀할미 삽살이요
오류촌을 들어가니 도연명의 정좌로다
연포 타던 일행천리 적토말은
조맹덕이 앗아타고
관운장께 들렸더니 화룡도 좁은 길에
인입한 대장부요

로인장왕 황충은 칠십당년 늙었으리
한말 바꿔 열말 고기 마상에서 받아먹고
팔만대군 싸움속에 임의로 횡행하여있고
편작에 공명수단 맹호연에 잘난 나귀
백락천이 고쳐내여 연엽주로 실어타고
도연명을 찾아가니 왕발에 등왕각석
삼천 네명 네글자라 산신산을 돌아들어
어부사를 외우면서 낚시대를 둘러메고
올리뭉청 낚아내여 행화촌을 찾아가서
고기 주고 술을 사서 단박취한 이내 몸이
세상공명 비길소냐,
구승갈포 입었으니 금의를 부러하며 (주)
산채맥반 먹었으니 고량진미 무용이라
허허 세상사 정녕 이렇구나.

주: 학수침—학을 그린 베개, 오래 산다는 뜻.
　　장주—오래 마시는 술.
　　태공—주나라초기의 정치가 강태공.
　　금강령—불교의 말. 악마를 치는 무기인데 금강저 한끝을 매여
단방.
　　당명왕—당현종을 가리킴.
　　우미인—초왕 항우가 총애하는 녀인
　　오자서—춘추시대 초나라사람.
　　룡두산적 봉미탕—룡과 봉고기로 료리를 한것.
　　천일주—천일간 빚어둔 술.
　　구승갈포—칡의 섬유로 짠 천.

혁명가요편

이팔청춘가

이팔은 청춘에 소년몸 되여서
문명의 학문을 닦아를 봅시다.

세월이 가기는 흐르는 물같고
사람이 늙기는 바람결 같구나.

진나라 시황도 막을수 없었고
한나라 무제도 어쩔수 있었나.

천금을 주고도 세월은 못사네
못사는 세월을 허송을 말어라.

놀지를 말아요 놀지를 말아요
이팔청춘에 놀지를 말아요.

우리가 살며는 몇백년 살가요
살아서 생전에 사업을 이루세.

청춘에 할일이 무엇이 없어서
이러궁 저러궁 노닥이치느냐.

바람이 맑아서 정신이 쾌커든
지식을 닦고서 좋은 일 하자오.

십 진 가

하나이란다
한심하고 무정한놈들 압박에
정든 고향 다 버리고 떠나가노라.

둘이란다
두다리 부르트게 보따리 지고
아장아장 걸어보니 이깔밭이라.

셋이란다
서서 근심 앉아 근심 잔근심인데
늙은 부모 어린 처자 밥달라누나.

넷이란다
널다란 소문도 굉장하더니
정작에 와보니 물쑥밭이라.

다섯이란다
다속한 식솔을 데려다놓고
아껴먹는 강태죽도 부족이란다.

여섯이란다
녀성이나 남성이나 모두다 나가
밤낮으로 땅을 파도 굶주리누나.

일곱이란다
일가친척 먼곳에다 다 버려두고
쓸쓸한 이곳으로 내 왜 왔던고.

여덟이란다
야속하고 혹독한 요놈 세상에
일가친척 못만나고 요 고생하네.

아홉이란다
아무데나 가보나 매한가지라
놈들의 등살에 못살겠구나.

열이란다
열식구 지팡살이 빛을 못벗어.
보고싶은 부모님도 못가보누나

녀성해방십진가

하나이라면
한나라 선봉국가 공산주의는

전 세계 찬송국가 쎄쎄쎄루라.

둘이라면
둘도 없이 사랑하는 부모를 두고
남북만리 혁명길에 내 나섰노라.

셋이라면
삼월이라 팔일은 녀성날인데
어느 누구 압박한들 떨쳐나서자.

넷이라면
너는 녀자 나는 남자 구별 말고서
동원선전 활무대에 악수합시다.

다섯이라면
다같이 붉은군대 손목잡고서
전 세계 울리면서 나가 싸우자.

여섯이라면
륙격포로 쏘아죽인 왜놈군대는
까투리같이 때려눕혀 간곳 없구나.

일곱이라면
칠세부터 내려오던 붉은주의를
어느 누가 반대한들 그만둘소냐.

여덟이라면
여덟살에 소학입학 고대뿐인데
놈들 압박 착취에 내 못살겠네.

아홉이라면
아하 좋다 이십세기 오늘에 와서
혁명만세 만만세를 불러보잔다.

열이란다
십여년을 고방속에 갇혔던 녀성
고방에서 뛰여나와 춤을 추누나.

일떠나가자

바람차고 눈쌓인 만주벌판에
홑옷입고 떠난 동무 누구누구냐
나라잃고 돈없는 불쌍한 신세
간곳마다 압박과 착취뿐이라.

일년동안 피땀흘려 지은 곡식은
자본가와 지주놈이 창고에다 쓸어넣고
늙은 부모 어린 처자 밥달라는 소리에
가슴속에 끓는 피 간장 태운다.

권리와 자유를 억탈하는 사회를
아느냐 동무들아 일떠나거라
매맞아 신음 말고 총칼 들고 싸우자
너도 나도 손을 잡고 일떠나가자.

혁 명 가

오너라 동무야 착취와 압박에
     울음을 우는 동무
중공당앞으로 도여오너라
     모두다 힘을 합해
내몰자 없애라 일제놈을
     우리의 손으로.

누구나 다 오라 일제와 개놈을
     미워하는 동무
전 민족 혁명의 반일전선에
     모두다 모여라
내몰자 없애라 일제놈을
     우리의 손으로.

만주혁명가

붉은 피 즐벅한 만주벌판에
반일혁명 높은 소리 세계를 떨쳐
파괴 타도 자유무장 어깨총 손에 칼은
백색학살의 불속으로 돌진을 하자。

호미 괭이 마치 낫을 모두다 들고
일제의 강도와 주구 민생단 군벌들
붉은화장 도살장에 막 묶어놓고
영영매장 칼탕치는 판가리싸움이다。

포연탄우 막 퍼붓는 만주벌판은
로고형제 혁명탄우 큰 폭동으로
살인강도 일제놈을 모조리 잡는 날
무산혁명 만세만세 우뢰소릴세。

혁명군노래

남북만주 광막한 험악한 산속에
결심품고 떠다니는자 나이나 혁명군

삼림속에서 눈감고 힁글누워 잘적에
끓는 피는 더욱더 뜨거워만 진다.

부 녀 가

오백년 꿈을 꾸던 조선녀자 잠을 깨라
우리는 어찌하여 이때까지 꿈을 꾸나
잠을 깨여 눈을 뜨고 세계현상 살펴보자
우리같이 어느 누가 잠을 자고있느냐.

구라파 녀자들은 모두다 뛰쳐나와
오늘날 와서는 해방운동한다네
우리는 왜 고방에서 깊은 잠 자겠나
새세상 동터온다 모두다 마중가자.

녀자해방가

권리를 억탈하는 자본사회에
누구냐 아느냐 녀자동무들
고방안에 감옥살이 갇힌 이 몸이
매맞아 얻은 병 더욱 심하다
나가자 동무들아 녀성동무들

손잡고 총잡고 싸워나가자。

모여라 동무들아

모여라 동무들아 붉은기아래
한마음 한소리로 모여들어라
다위남아 피스톨을 손에다 들고⁽주⁾
주권만 부르면서 모여들어라。

무산대중 쓰라린 가슴속에는
영용한 기세가 가득찼구나
삼림속에 눈깔고 누워잘 때에
붉은 피는 더욱더 끓어넘친다。

넓고넓은 만주벌판 눈보라칠 때
쓰라린 가슴쥐고 헤매이나니
모두다 빈주먹인 무산대중아
다같이 전선에서 날뛰여보자。

나가자 싸우라 동무들이여
한시도 지체말고 날래 싸우라
잊지 말라 동무여 우리 싸움길
날래 빨리 목적지에 도달하잔다。

착취에 시달리던 무산대중아
우리 피땀 빨아먹던 지주 자본가
모조리 목을 잘라 불속에 넣고
우리 붉은주권을 세워보잔다.

우리 살점 뜯어먹던 지주 자본가
우리의 총창끝에 쓰러지누나
그놈들의 썩은 통치 무너지더니
간곳마다 만세소리 우렁차구나

주: 다워남아—여러 남성들
　　피스톨—권총.

우리 녀자 근본이로다

만물중에 우리 인생 제일 귀한건
인간중에 우리 녀자 근본이로다
가정에도 사회에도 기초가 되여
온 세계 온 국가의 어머니로다.

십 이 점 가

한점을 친다

일신을 결박당한 종된 동무들
일치한 단결로 나가 싸우자 나가 싸우자.

두점을 친다
두번 다시 오지 않는 귀중한 생명
추운 철창속에서 시들어간다 시들어간다.

세점을 친다
설음받던 동무들 한데 뭉치여
모두다 파업폭동 일으켜보자 일으켜보자.

사점을 친다
사시절은 변하고 또 변하는데
붉은 옷과 누런 콩밥 귀양 그대로 귀양 그대로.

오점을 친다
오월 일일 메데에 로동자들은
전 세계 제국주의 정복시킨다 정복시킨다.

륙점을 친다
륙격포와 장총을 빼앗아 메고
압박하던 간수놈을 쏴죽여보자 쏴죽여보자.

일곱점 친다
잃은것은 쇠채찍과 굵은 쇠사슬

얻은것은 전 세계 자유평화라 자유평화라.

팔점을 친다
팔목강에 둘러친 철조망으로
자본가와 지주놈을 얽어보잔다 얽어보잔다.

구점을 친다
구곡간장 뼈속에 맺힌 원한을
무산동지 붉은힘이 갚아보리라 갚아보리라.

십점을 친다
시월혁명 전 세계 명절날이니
감옥에서 붉은혁명 일으켜보자 일으켜보자.

열한점 친다
열한살 어린 몸이 끌세받다가
자유해방사업에 떨쳐나섰네 떨쳐나섰네.

열두점 친다
열두시를 돌고도는 시계바늘은
전 세계 혁명을 재촉하잔다 재촉하잔다.

달 거 리

정월이라면

정치운동 모두다 함께 일떠나
식민지해방운동 맹렬히 하자.

이월이라면
이십세기 무산대중 공인 농민은
부르죠아 제국주의 때려부시자.

삼월이라면
삼월이라 이십삼일 볼가강변에
붉은레닌 나신 날이 그날이란다.

사월이라면
사정없이 떠나가는 군대렬차는
고동으로 하직하고 떠나가누나.

오월이라면
오월 일일 로동자의 명절이란다
시위운동하는것이 상쾌하도다.

륙월이라면
륙대주 무산자 웨치는 소리
자본가 두려워서 굴복하누나.

칠월이라면
칠월 이십팔일은 무산대중이
적기함을 여지없이 깨친 날이다.

팔월이라면
팔월 이십구일은 한일합병날
조선의 무산자들 못잊으리라.

구월이라면
구월 칠일 국제청년기념일이다
걸음맞춰 나아감이 엄숙하도다.

시월이라면
시월혁명의 승리가 오자
무산자 해방에 만세부른다.

동지달이라
동방에 번쩍이는 붉은 새별은
새세상 동터오는 려명이로다.

나월이라면
나팔불고 행진하는 붉은 군대는
전 세계 무산계급 혁명군이다.

공산당의 힘이로세

태행산이 우르릉
팔로군 대포소리에

못난녀석 장개석이
쥐구멍만 찾누나
　　에헤라 데헤라
이게 모두 뉘덕이냐
공산당의 힘이로세.

우리는 청춘

우리는 청춘 피끓는 젊은이,
불꽃같이 타오르는 전화속에도
우리들 젊은이는 날쌘 제비같이
폭풍우속에서도 대공을 날려,
끝없는 가시덤불 타오르는 화염속
우리 힘, 우리 피, 우리의 정열
우주의 암흑을 깨뜨려버리고
인류행복 위하여 싸우고있네
우리는 곤난 박차고 광명의 나라 향해
암흑의 전을 헤치고 평화위해 싸우리!

독수리 뜨더니

독수리 둥둥 뜨더니

병아리 간데없구나
우리 비행기 뜨더니
일본놈 간데없구나.

날 좀 보게

날 좀 보게 날 좀 보게 날 좀 보게
탐화봉접 꽃본듯이 날 좀 보게
아리아리랑 스리스리랑 아라리가 났소
아리랑 어절시구 날 넘겨주게.

아리아랑 시리아랑 실배나무
마디 뚝뚝 꺾어내도 꽃만 핀다
아리아리랑 스리스리랑 아라리가 났소
아리랑 어절시구 날 넘겨주게.

청산이 고와서 돌아봤나
정든 님이 계신 곳이니 돌아봤지
아리아리랑 스리스리랑 아라리가 났소
아리랑 어절시구 날 넘겨주게.

총각이 잘나서 일색인가
내 눈에 쏙 드니 일색이지
아리아리랑 스리스리랑 아라리가 났소

아리랑 어절시구 날 넘겨주게.

봉건슬하에 썩던 요내속이
자유나 해방에 다 풀렸네
아리아리랑 스리스리랑 아라리가 났소
아리랑 어절시구 날 넘겨주게.

쓰러진 동지옆에서

여기서 내 고향 몇천리인지
고향을 떠난후 넓은 벌판에
황혼이 물드는 긴긴 저녁에
사랑하는 전우와 하직하였소.

적탄에 쓰러진 동지옆에서
이름을 부르면서 끌어안으니
상처는 일없소 근심 마오소
다시 못볼 리별이 슬플뿐이지.

전투가 끝난 뒤 동지옆에서
《동지!》하고 이삼차나 암만 불러도
말없이 식은 시체 식은 팔목에
시계만 하염없이 돌아가누나.

한고향 한마을 앞뒤집에서

가난한 가정에서 태여난 동지
혁명전에 나선것도 같은 날자요
이십여차 한전투에 용감하였소.

한대의 담배도 나눠피우며
십오야 밝은 달 쳐다보면서
고향생각하던것도 마지막이요
혁명전에 꽃이 피여 다시 만나자.

海外우리語文學硏究叢書 123
조선족구전민요집

1996년 11 10일 인쇄
1996년 11 20일 발행

리상각

발 행	료녕인민출판사
영 인	**한국문화사**

133-112
서울시 성동구 성수1가 2동 13-156
전화 464-7708, 3409-4488
팩스 499-0846
등록 2-1276호

값5,000원

ISBN 89-7735-326-2